関西学院大学論文叢書第17編

集団間関係の測定に関する社会心理学的研究

岡本 卓也
Takuya Okamoto

関西学院大学出版会

集団間関係の測定に関する社会心理学的研究

はしがき

　本書は，集団間の関係を測定，記述，解析するための測定法について論じたものである。筆者の研究の長期的，最終的なねらいとしては，集団間の関係性を改善するための方略を探索することにあるのだが，そのために，まずは正確なものさしについて論じてみようというのが本書のねらいである。ある意味では，スタートラインに立っただけともいえる内容であり，出版への抵抗が無いわけではないが，関西学院大学叢書出版助成を得たこともあり，出版の運びとなった。

　そもそも筆者が集団間の関係の研究に関心を持ったのは，学部生から修士課程までの指導教授であった佐々木薫先生（関西学院大学（当時））とのお話がきっかけである。「集団」のもつ不思議な力に魅了されながらも，漠然とした問題意識しかなかった当時の筆者に，「これからの時代は，本当に，平和ということを考えないとなりませんね」と穏やかな口調でおっしゃったことを今でも覚えている。そこから集団間関係について取り組み始めたのだが，そもそも集団間の関係とは何なのか，何を持って良い関係，あるいは悪い関係といえるのか，そのことが気になって仕方がなかった。

　また，博士課程に進学してからは，藤原武弘先生（関西学院大学）から多くのご指導を頂いた。集団間の関係を正確に測定することには，個人間の関係を知ること以上の複雑さがある。研究に行き詰まることも多々あったが，藤原武弘先生とお話していると，気づかぬ間に道が拓け，新たな一歩を踏み出すことができた。先生の口から紡ぎ出される（時に破天荒な）アイディアによって，筆者の研究は拡がりと厚みを持ったことはまちがいない。

　最近，社会心理学の歴史的側面にも関心を持っており，学者の系譜図を作成した（岡本, 2008）。当たり前のことかもしれないが，誰のもとで学んでいたのかということは，その人の研究内容そのものに強い影響を与える。しかしそれだけではなく（あるいはそれ以上に），研究のスタイルであったり，着想であったりと，表には出てこない部分にこそ，師匠の色があるように思

われる。親から子へ遺伝子が伝わるように，研究室ならではのストックのようなものがあり，それが伝わっていくのだろう（この表現も藤原研究室ならではかも知れない）。本書の内容を見ても，お二人の先生方の存在が水面下に，しかし色濃く流れているような気がしてならない。本書(特に後半部分)の特徴として，集団間の関係性をマクロなレベルから捉えようという試みがある。この点について佐々木薫先生の影響を受けていることは言うまでもない。また，関係性の測定ということを多面的に捉え，多様な統計手法を応用的に用いている点は，藤原武弘先生の元で学んだことによるだろう。もちろん，先生方の影響は見えないところにまだまだある。改めて，お二人の先生方から教授を賜ることが出来たことを幸せであったと思う。紙面を借りて，感謝の意を表したい。

　お二人の先生方の他にもたくさんの方々からご教授を頂いた。森久美子先生（関西学院大学），野波寛先生（関西学院大学），中川典子先生（神戸流通科学大学），池内裕美先生（関西大学），小杉考司先生（山口大学），加藤潤三先生（琉球大学），中里直樹氏，林幸史先生（大阪国際大学），前村（加藤）奈央佳氏からは，時に厳しく，時に温かい助言を多く頂いた。往々にして生意気なことばかり言う筆者を，教え子として，後輩として，研究仲間として，あるいは友人として見捨てることなく，最後まで支え続けてくれた。また，同じ社会学研究科で学んだ平田誠一氏，原佳央理先生（相愛大学），前田拓也先生（神戸学院大学），小野セレスタ摩耶先生（大阪慈恵学園），板野美紀氏とは定期的に勉強会や研究会を開催してきた。彼らとは専攻は異なるが，遠慮や物怖じすることなく議論することができ，他分野についての知識も身に付けることができた。これらの経験も本書のバックボーンとなっている。

　実験や調査に協力してくれた多くの方々はもとより，調査や実験の実施にも多くの方のご協力を頂いた。第2章の研究は，鳥井理恵氏（藤原ゼミ2007年度卒業生）との共同研究であり，第6章の調査は金尾陽一氏（佐々木ゼミ2002年度卒業生）と共同で行ったものである。彼らの存在無くしては，これらの実験や調査を遂行することは出来なかっただろう。また，第2章のIATソフト，第8章の描画ソフトについては，父である岡本裕幸氏（松

江工業高等専門学校(当時))に多くの協力を頂いた。改めてお礼を言いたい。

本書は，筆者が2008年に関西学院大学大学院社会学研究科に提出した博士学位申請論文に加筆修正したものである。第3章は林・岡本・藤原（2008a）の岡本担当部分を，第5章は岡本・林・藤原（2009a）を，第6章は岡本（2003）を，第7章は岡本・藤原・加藤・野波（2008）をそれぞれもとにしている。第4章はOkamoto, et al.（2006）を日本語訳し，加筆修正したものである。また，第5章，7章の調査や実験は，文部科学省21世紀COEプログラム「人類の幸福に資する社会調査」の研究の助成（2005年度個人研究費，研究代表：岡本卓也）を受けて実施された。改めて感謝の意を記す。

本書の刊行に当たっては，2009年度の関西学院大学大学叢書出版助成金の交付を受けた。関係の方々および関西学院大学に改めて感謝の意を表したい。出版に際してお世話になった関西学院大学出版会の田中直哉氏，松下道子氏にもお礼を申し上げたい。

　　　2009年9月

　　　　　　　　　　　　　　　　　　　　　　　　　　岡 本 卓 也

目　次

はしがき　3

第1部　社会心理学における集団間関係の研究

第1章　集団間の関係とその測定　13

第1節　集団間関係の定義　14
第2節　社会心理学における集団間関係の研究　16
　1）対人関係の理論の応用
　2）目標の両立不可能性を重視した理論
　3）社会的比較・自己評価を重視した理論
第3節　集団間関係の測定における言語化に伴う問題　21
　1）言語化に伴う問題（1）：欺瞞的報告
　2）言語化に伴う問題（2）：イメージの測定
第4節　集団間関係の測定における測定レベルの問題　29
　1）測定レベルの問題
　2）リターン・ポテンシャル・モデルによるマクロレベルでの集団間関係の測定
　3）共有集団イメージ法によるマクロレベルでの集団間関係の測定
第5節　本書の構成　32

第2部　非言語的方法による集団間関係の測定

第2章　Implicit Association Test を用いた内集団びいきの測定　37

第1節　問題　37
　1）潜在的態度の測定
　2）IAT の原理と一般的な手続き
　3）内集団びいきの測定
第2節　方法　44
第3節　結果　46

1）集団アイデンティティの因子分析の結果
　　　2）反応時間
　　　3）IAT 得点とアジアに対する同一視の相関
　　第4節　考察　49
　　　1）アジアに対する内集団びいき
　　　2）IAT による集団間関係の測定の可能性

第3章　写真投影法の概要 ... 55

　　第1節　はじめに　55
　　第2節　写真を用いた調査研究のレビュー　56
　　　1）インタビュー技法としての写真の利用
　　　2）ランドスケープ評価に対する写真の利用
　　　3）個人の内面世界を知るための写真の利用
　　第3節　写真投影法の可能性　61

第4章　写真投影法を用いた社会的ステレオタイプの測定 ... 65

　　第1節　問題　65
　　第2節　方法　69
　　第3節　結果　69
　　　1）関学らしいもの
　　　2）関学らしくないもの
　　第4節　考察　74

第5章　写真投影法による所属大学への社会的アイデンティティの測定 ... 79

　　第1節　問題　79
　　　1）写真投影法による場所への愛着の測定
　　　2）社会的アイデンティティを構成している概念
　　第2節　研究1：新社会的アイデンティティ尺度の作成　85
　　　1）方法
　　　2）結果と考察
　　第3節　研究2：写真投影法の実施と新社会的アイデンティティ尺度との対応関係　89
　　　1）方法
　　　2）結果と考察
　　第4節　総合考察　95

第3部　マクロレベルでの集団間関係の測定

第6章　リターン・ポテンシャル・モデルによる集団間関係の測定　……101

第1節　問題　101
1) リターン・ポテンシャル・モデルによる集団間関係の測定
2) 合同部室

第2節　予備調査：合同部室の利用実態調査　108
1) 方法
2) 結果

第3節　本調査：質問紙と面接調査による合同部室の調査　111
1) 方法
2) 結果と考察

第4節　まとめ　124
1) 合同部室エ・クにおける団体間の関係のまとめ
2) リターン・ポテンシャル・モデルによる団体間の関係の解析
3) リターン・ポテンシャル・モデルによる集団間関係の測定の可能性

第7章　共有集団イメージ法を用いた集団間関係の解析の試み　……129

第1節　問題　129
1) 集団間関係の研究におけるマイクロ・マクロ問題
2) 共有集団イメージ法による集団間関係の測定

第2節　方法　134

第3節　結果（データの解析と解釈）　137
1) 印象評定の因子分析
2) 解析1：共有集団イメージ法による集団間関係の解析
3) 解析2：等高線マッピングによるマイクロ・マクロの解析

第4節　総合考察　150

第4部　総括

第8章　研究結果のまとめと全体的考察 157

第1節　研究結果のまとめ　157
1) Implicit Association Test（第2章）
2) 写真投影法による測定（第3章・第4章・第5章）
3) リターン・ポテンシャル・モデルの応用（第6章）
4) 共有集団イメージ法（第7章）

第2節　集団間関係の改善にむけての全体的考察　162
1) 集団間関係の改善に，いかに役立てるのか
2) 上位目標の導入による葛藤解決のために
3) 新たなカテゴリの顕在化による葛藤解決のために
4) 課題と展望

引用文献　173

第1部　社会心理学における集団間関係の研究

第1章

集団間の関係とその測定

そもそも集団は人間存在にとって避けられないものである (Brown, 1988)。学校や会社に行けば、クラスや部署という集団に所属し、暮らしにおいては地域や家族といった集団に属している。私たちが所属している集団は、それら実体を伴う集団に限らず、ジェンダー・人種・階級といった実体の伴わない抽象的な集団も含まれる。さらに、複数の集団が接触・交流することも避けることは出来ない。とくに、現代社会はこれまでにないほどに移動の利便性が高まり、情報網は整備され、異なった文化・価値観を持つ人たちと交流する機会が格段に増えており、集団間の接触、交流は避けられないものだといえるだろう。

しかし、異なった背景をもつ集団が出会うとき、集団間の関係はコンフリクト状態になることが多い (Deutsch, 1990)。そのような社会的状況は避けられることが望ましく、共存的・協調的関係の形成が望まれるのはいうまでもない。集団間の交流が活発化する現代社会において、その関係性をコンフリクト状況から共存的・協調的関係へと変えていくための方略を探索することは、今日の重要な社会的課題といえよう。そのためにも、集団間の関係を正確に記述、測定、解析することは、基本的かつ必要不可欠な研究だといえる。記述、測定、解析が誤っていたり、曖昧なものであったりすれば、解決方略を探索すること自体もままならなく、そこから見つけ出された方略自体が意味をなさなくなる可能性すらある。

しかし、集団間の関係性、特にコンフリクト状況にある集団同士の関係を測定するには、現在の測定法では十分なものだとはいえない。集団間の関係を扱った研究は、いわゆる言語報告によって得られた集団成員の態度の算術

的平均値を分析することが大半であるが，そこには次の3つの問題がある。第一の問題は，言語による自己報告では，ネガティブな態度や感情が隠されてしまう可能性があることである。第二の問題は，言語化され得ない認知的，イメージ的側面が測定されないという点である。これら2つの問題は，言語化の問題としてまとめられよう。第三の問題は，集団間の関係性というマクロな現象をマイクロなレベルでしか分析していないという問題である。

　本章では，社会心理学やそれに隣接する諸領域で集団間の関係性がどのように研究されてきたのかを振り返り，上述の3点の問題を明確にする。その上でこれら3つの問題を克服するため，4つの測定法を提案する。

第1節　集団間関係の定義

　本書は，集団間関係(intergroup relations)の測定法について論じるものである。そこでまず，集団間の関係とは何なのかを検討する必要があるだろう。

　Taylor and Moghaddam（1994）によれば，社会心理学の領域で集団間の関係について論じた研究では"集団間関係（intergroup relations）"という語句よりも"集団間行動（intergroup behavior）"や"集団間コンフリクト（intergroup conflict）"という語句が用いられることが多かった。またそれらが混同されて用いられることも多かった。このことは，集団間の関係が十分に検討されることなく研究の対象とされてきたことを示している。

　そこでまずは，集団間関係について定義する必要があるだろう。本書で論じようとすることの目的からすれば，集団間関係について、制限されることなく幅広くとらえる必要がある。そこで採用したのがTaylor and Moghaddam（1994）の以下の定義である。「集団間関係とは，自分自身をある社会的カテゴリの成員と認知した人々，もしくは社会的カテゴリに属する他者によって成員性を認知された人々による，多様な相互作用の諸側面のことである（p. 6）。」

　定義の前半部分で「自分自身をある社会的カテゴリの成員と認知した人々，もしくは社会的カテゴリに属する他者によって成員性を認知された

人々」という表現を採用した理由は次の通りである。

　そもそも集団の定義として，動機，目的，社会構造などが共有されていることを必要だとする定義や，凝集性を含めた定義が多い（Shaw, 1976; Brown, 1988 参照）。また，集団に対する評価や情動的側面を互いに共有していることを必要とする定義もある（Tajfel & Turner, 1979 など）。それらの特徴は集団を定義する上では確かに重要だといえるだろう。特に小集団やバウンダリーの明確な集団においては，それらのことが重要となる。しかし，人間は必ずしも集団を構成するその他の成員と何ら共有せずとも，自分がある社会的カテゴリへアイデンティティを抱いたという事実のみによって，何らかの変化が生じることも多い（Hogg & Abrams, 1981）。特に民族，階級，職業など比較的抽象度の高い集団においては，それらを共有していることを実感することは少ない。こういった集団を含めて議論をするためには，動機，目的，社会構造，評価，情動的側面の共有を定義に含めるべきではないだろう。また，集団間の関係性の測定，記述，解析についていえば，集団成員の中での共有性の有無やその程度が重要な規定因になることもある。そのため，集団の定義として動機，目的，社会構造，評価，情動的側面の共有を必要条件とすることは，議論の幅を狭めてしまう。以上のことよりそれらを含めない定義を採用した。

　定義の後半部分では「多様な相互作用の側面」という表現を採用している。先に，集団間行動という表現がよく用いられることを指摘したが，集団間の関係は必ずしも集団としての行動として観察されるものだけではなく，メンバーシップに基づく個人的行動や，ステレオタイプや偏見といった認知，態度プロセスとして捉えられるべき場合もある。また，集団間コンフリクトという表現が用いられることが多いとも指摘した。たしかに研究の対象となる集団間の関係はコンフリクト状態であることが多い。しかし，集団間の関係は必ずしもコンフリクト状態にあるわけではなく，関係性についての制限を設けてしまう表現も避けるべきだといえよう。このような事情をふまえると，「多様な相互作用の側面」という定義が最も限定条件が少なく妥当なものだといえる。

第 2 節　社会心理学における集団間関係の研究

　従来，集団間関係についての研究は，政治学や社会学からの記述的なアプローチが主流であり，社会心理学やグループ・ダイナミックスの観点からの計量的な分析は主流ではなかった。社会心理学の研究者が集団間の関係性に注目し始めたのは，1960 年代後半から 70 年代になってからであり（Steiner, 1974），それ以前はあまり集団間の関係を研究対象としてこなかった（Taylor & Moghaddam, 1994）。もちろん，それ以前に集団間コンフリクトに関する心理学的アプローチの研究が全くなかったわけではない。Deutsch（1990）によれば，心理学の領域でコンフリクト関係について実証的研究が行われ始めたのは 1920 年代頃である。しかし，1950 年代頃までの多くの研究は，対人関係の理論を集団間の関係性へ応用しているだけであり，必ずしも集団間の関係性そのものを研究対象にしていたわけではない。本節では，測定の問題を明確にするため，それらも含め集団間の関係にまつわる代表的な理論や研究について概観する。

　集団間の関係を扱った理論や研究を大別すると次の 3 つに分けられる。1 つめは，対人関係の理論の応用である。これは先に述べたように，集団間の関係性そのものを研究対象にしてはいないが，対人関係の理論を集団間の関係性へ応用してきたものである。2 つめは差別的な行動や対立的な特質の原因が「目標の両立不可能性」だとする立場であり，3 つめは差別的な行動や対立的な特質の原因が「社会的比較・自己評価」だとする立場である。なお，2 つめ 3 つめの枠組みは堺（1997）を参考にした。前者は，複数の集団間で両立し得ない目標が存在する状況下では，相手と競争状態になってしまうため，対立的な態度が生じるとする立場で，1960 年代を中心に多くの研究が行われた。前者の代表的な理論としては，Campbell（1965）の現実的利害葛藤理論（realistic group conflict theory）や，Sherif, Harvey, White, Hood, and Sherif（1961）の目標葛藤仮説（goal conflict hypothesis）である。

　それに対して後者は，集団間に両立し得ない目標が存在しなくとも，集団成員性に基づく社会的比較や自己評価のための認知プロセスとして，なか

ば必然的に対立的な態度や行動が生じてしまうとする立場である。この立場では，Tajfel and Turner（1979）の社会的アイデンティティ理論（social identity theory）やTurner, Hogg, Oakes, Reicher, and Wetherell（1987）の自己カテゴリ化理論（self-categorization theory）などが含まれる。

1) 対人関係の理論の応用

この立場に分類される理論は，集団間の葛藤，偏見，差別の原因を，個人のパーソナリティや社会への適応の問題であると考えており，1930年代後半から1960年代初頭に多くの研究が行われた。基本的にはFreud（1921）の転位，干渉，カタルシス，置き換え，といった精神分析の用語をもとにして集団間の関係を考察しており，その分析レベルはマイクロレベルといえる。そもそもFreud（1921）のモデルは集団間の関係を扱うものではないが，集団内および個人間のプロセスを集団間のプロセスへと拡張して考えることで集団間の関係を扱っているといえる（Taylor & Moghaddam, 1994）。

例えば，フラストレーション－攻撃仮説（frustration aggression theory; Dollard, Doob, Miller, Mowrer, & Sears, 1939）は，フラストレーションが蓄積されることで，攻撃行動が導かれるというものである。フラストレーションは，目標達成行動が阻害されることで経験され，その原因となった対象を攻撃することで低減可能である。しかし，その対象が自分よりも強い場合，直接的に攻撃することができない。その結果，攻撃対象は「置き換え」られ，別な対象に攻撃が向けられる。例えばDollard, et al.（1939）は，第二次大戦中のドイツでの反ユダヤ主義の例を挙げている。あれほど多くの人がユダヤ人差別を行った原因は，1920年代の長期間に及ぶ不景気のためフラストレーションが蓄積し，その矛先としてユダヤ人排除が行われたというのである。

同様の立場からHovland and Sears(1940)は，スケープゴート仮説(scapegoat hypothesis）を提唱している。彼らは，Dollard, et al.（1939）の研究を発展させ，フラストレーションの原因となった相手を，容易には攻撃できないた

め，社会的弱者であるマイノリティ集団に対して，攻撃行動が向けられると考えた。特に，相手の集団に対する反感がメンバーの間で共有されている際に，偏見や差別が生じやすいとまとめたのである。

また Stouffer, Suckman, Devinney, Star, and Williams (1949) はアメリカ軍の観察調査から，相対的剥奪理論 (relative deprivation theory) を提唱している。この理論は，フラストレーション－攻撃仮説を発展，改変したものである。この理論の中心的考えは，人は，自分の現在の生活水準と自分たちが受けるべきだと信じる生活水準の間に不足を認知したとき，不満に陥るというものである。フラストレーション－攻撃仮説に従えば，昇進の可能性の低さは，目標達成の阻害要因であり，フラストレーションとなるため，昇進可能性の高い空軍よりも低い憲兵隊のほうが，不満が高いことが予想される。しかし調査の結果は，空軍において不満が高かった。その理由として，フラストレーションが絶対的なものではなく，相対的に認知されるためであると考えられた。空軍は昇進率が高いが，一方で昇進した同僚たちが身近に多い。そのため空軍の人は，昇進した同僚が比較対象となり，相対的に自分が剥奪されていると感じたのである。それに対して憲兵隊は昇進率が低く，昇進した人は身近に少ない。そのため同じ地位の同僚との比較が行われ，相対的な不満が少なかったと考えられる。このように，これらの研究は偏見や差別がなぜ生じるのかについては説明が可能だが，状況的要因や社会的要因を十分に検討しておらず，偏見や差別の歴史的変化や，社会的に斉一的な差別が行われる理由を説明できないという批判がなされている (Pettigrew, 1958; Brown, 1995)。

2) 目標の両立不可能性を重視した理論

この立場の理論は，集団の間に両立し得ない目標がある状況下では，それを解決しようとするために対立的な感情が生起すると考えている。

Campbell (1965) は歴史的な集団間コンフリクトを概観し，複数の集団間で両立し得ない目標があるために葛藤が生じるという，現実的利害葛藤理論 (realistic group conflict theory) を提唱した。例えば，複数の集団が「こ

こは自分たちの土地である」と主張した場合，全ての集団の主張（目標）をかなえることは不可能である。このとき，土地を手に入れる（自集団の目標をかなえる）ためには，相手よりも勝っている必要があり，集団内のメンバーは結束する。そして自分たちの集団こそが正しいのだと認知する自集団中心主義（ethnocentrism）が助長され，自分たちの集団目標は，重要かつ譲れないものになり，外集団に対する憎しみや敵愾心が生じると考えたのである。

同様の立場から，Sherif, et al.（1961）は少年たちを3週間のサマーキャンプに参加させることで，集団間の関係に関する研究を行っている。この研究では，対抗試合といった場面で，景品という資源を巡る利害の対立が形成された。その結果，2つのグループの少年たちは対立的な態度を持つに至った。その後，彼らの対立的な態度の消去が試みられるのだが，まず試みられたのは，映画鑑賞や食事など共に楽しむ時間の導入である。しかし，両集団は仲良くなることはなく，試みは失敗に終わった。つづいて，2つの集団が共同しなければ達成できない上位目標（superordinate goals）の導入が試みられた。必要不可欠な水道管の修理や，ランチを載せたトラックのけん引という共同作業を行わせた結果，両集団の対立的態度は激減したのである。これらの結果から，Sherif, et al.（1961）は各集団の掲げる目標が集団間の態度形成を決定づけると考えた。すなわち，集団目標が両立し得ない時には対立的関係が導かれ，集団目標の達成が集団間の協力を必要とするとき，協調的関係が形成されると考えたのである。

3）社会的比較・自己評価を重視した理論

この理論の背景には，人間の認知システムが大きく関わっている。Tajfel（1957）は，人がある判断を行う際には，焦点となる次元だけではなく，それに関連する周辺次元が影響を与えていると考えた。例えば硬貨の大きさを判断するときのことを考えてみると，ここで判断すべきは硬貨の大きさ（焦点次元）である。しかし，我々は日本の硬貨であれば1円から500円まで様々な価値（周辺次元）があることを知っている。その結果，硬貨の大きさを判

断する際に周辺次元の知識（金銭的価値）の影響を受け，価値の高い硬貨はより大きく，価値の低い硬貨はより小さく判断してしまうのである。このような効果のことを強調化効果（accentuation effect）という。

このような強調化効果は，対人関係においてより顕著に認められ，周辺次元の主観的価値が高い場合，その効果は大きいと考えられている。強調化効果には，カテゴリAに当てはまる人は，カテゴリBの人とは大きく異なるという認知や，カテゴリAの人は，皆同じような性質を持っているという認知の側面があり，これらがステレオタイプの原因となると考えられている。このような強調化効果は，その他様々な文脈でも認められており（Tajfel & Wilkes, 1963），一般的な認知的傾向として考えられている。

Tajfel, Billig, Bundy, and Flament（1971）は強調化効果の原理にヒントを得て，目標の両立不可能性やフラストレーションが無くとも，集団としてカテゴリ化されるだけで対立的になってしまうことを，最少条件集団実験パラダイムといわれる方法で示した。この実験では，実験参加者は2つの絵のうちどちらが好きかという基準で2つの集団に分けられた。この基準は些細で一時的なものであったにも関わらず，参加者らは内集団へ有利になるような行動（内集団びいき :in-group favoritism）を示し，外集団への差別的行動を示したのである。

これらの実験結果を基に，Tajfel（1972），Tajfel and Turner（1979）は社会的アイデンティティ理論（social identity theory）を提唱した。社会的アイデンティティとは，ある集団に属することによって獲得される自己概念の一部であり，同時にその集団の成員としての感情や価値観をともなうものである（Tajfel, 1972）。この理論では，人は肯定的なアイデンティティを得ようと動機づけられていると仮定さている。そのため，人は少しでも肯定的な社会的アイデンティティを与えてくれる集団に所属しようとする。また，肯定的な社会的アイデンティティの大部分は，外集団との社会的比較（Festinger, 1954）によって獲得される。この時，少しでも肯定的なアイデンティティを獲得しようとするために，内集団びいきや外集団への否定的な評価のバイアスが生じてしまう。もし，肯定的なアイデンティティが得られない場合は，別の集団に移動したり，社会変革を試みたり，自集団をより肯

定的に捉え直そうとする。つまり，社会的アイデンティティ理論によれば，集団に所属することによって内集団・外集団という認知的差異化が促され，内集団への肯定的評価の圧力の結果，集団間の関係性が決定されると考えられている。

またTurner（1990）によれば，社会的アイデンティティ理論には2つの側面があり，1つは集団間コンフリクトや社会変化といった，集団間の関係性に焦点を当てて分析するいわゆる社会的アイデンティティ理論であり，もう1つの側面は，個人の集団化についての一般理論である自己カテゴリ化理論（self-categorization theory; Turner, et al., 1987）である。

この立場の理論では，集団間葛藤が生じるプロセスとして，他の集団をカテゴリ化して認知することを重視している。そこで，葛藤の解決法略としては，非カテゴリ化（de-categorization; Brewer, & Miller, 1996），再カテゴリ化（re-categorization; Brewer & Miller, 1984）や交叉カテゴリ化（cross-cutting categorization; Marcus-Newhall, Miller, Holtz, & Brewer, 1993）などが提案されている。若干の違いはあるがいずれの方法も，基本的な考え方は，現在対立しているカテゴリに基づく接触をやめ，両カテゴリを包括する新たなる上位の集団カテゴリを活性化した接触へと変化させることで，偏見や差別を低減させようというものである。

第3節　集団間関係の測定における言語化に伴う問題

前節では，社会心理学やそれに隣接する諸領域で，集団間の関係がどのように研究されているかをふり返った。様々な理論的立場から集団間の関係についての研究が行われ，それぞれの立場からいくつかの解決方略を提案しているのは上述の通りである。しかしいずれの立場にしろ，測定上の問題点を指摘することができる。本節では，そのうち言語化に伴う2つの問題について考察し，解決のためのアイディアを簡単に提示する。言語化に伴う第一の問題は，言語による自己報告ではネガティブな態度や感情が隠されてしまう可能性があることである。第二の問題は，言語化され得ない認知的，イメー

ジ的側面が測定されないという点である。

1) 言語化に伴う問題 (1)：欺瞞的報告

質問紙における欺瞞的報告の可能性

　言語化に伴う問題の1つ目は，従属変数として，個人の否定的な感情，態度，行動の程度を測定している場合に生じる。集団間の関係性は必ずしもコンフリクト状態にあるわけではないが，集団の関係性を扱う研究者の多くはコンフリクト関係に関心を持ってきた（Taylor & Moghaddam, 1994）。そのため，従属変数としてステレオタイプや偏見の自己報告（Bogardus, 1923, 1925; Dollard, et al., 1939; Hovland & Sears, 1940; McConahay, 1986; Glick & Fiske, 1996 など），攻撃的行動や差別的な行動の観察（Hendricks & Bootzin, 1976; Sherif, et al., 1963; Weitz, 1972 など）といった否定的な成分を測定することが多かった。例えば，古典的な偏見や差別の測定尺度である社会的距離尺度（Bogardus, 1923, 1925）や，McCrone（1937）の原住民に対する態度の測定尺度をはじめとした，1960年代までの研究の大半は，その対象となる集団について質問紙によって自己報告させている。例えば「国から出て行って欲しい」「この国の市民になっても良い」といった意見に賛同するかどうかを尋ねるという手法である。

　Maass, Castelli, and Arcuri（2000）によれば、多くの現場で差別や偏見が未だに拡がりを見せるにもかかわらず、上述したような直接的に意見を尋ねる質問紙を用いた研究では、1980年代以降に差別や偏見が減少しているという結果が得られているのである。このことは，質問紙による直接的な態度や感情の測定において，調査対象者が意識的に回答をコントロールしている可能性があることを意味している（McConahay, 1986）。そもそも，人には社会的な規範に反することは意図的に隠そうとする動機がある。そのため，内省的に熟慮が可能な言語報告や行動といった測定変数は，質問紙や行動観察による直接的な測定では捉えきれず，意識された側面しか測定することができないといえる（Nisbett & Wilson, 1977; Greenwald, McGhee, & Schwartz, 1998）。

そのため，1970年代頃から少しでも意識的なコントロールを排除しようという試みがなされた。例えば，Jones and Sigall（1971）の"bogus pipeline technique"や，Riess, Kalle, and Tedeschi（1981）の"lie detector expectation procedure"といわれる測定法などである。彼らは，被験者に生理的指標の測定器を付け，「意識的に偏見を隠そうとしても，実験者にはそれが分かってしまう」と思わせることで，意識的に偏見を隠させまいとした。質問紙による偏見の測定の結果，実験群の実験対象者は，統制群の実験対象者に比べて，より多くの偏見を報告している。しかし，この方法には「本当の態度」が測定されていると実験対象者をいかにうまく騙すのかという倫理的，技術的な問題がつきまとう。

また，質問紙自体に工夫を加えるという方法もとられてきた。McConahay（1986）の"modern racism scale"やGlick and Fiske（1996）の"ambivalent sexism inventory"である。従来の古典的なスケールが，例えば黒人との結婚や人種分離政策への意識などを尋ねていたのに対して，これらのスケールでは「黒人が必要以上に経済的利益を得ている」「アメリカでは既に黒人差別問題は解決された」などのように，間接的な側面を聞き出そうとしている。そのため，従来のスケールに比べて調査対象者に何を測定されているのか悟られにくく，比較的妥当性が高いとされている。しかし，常に時代や文化に合わせた項目の刷新が求められるなど，確立された測定法とはいえない（Maass, et al. 2000）。

また，偏見や差別の指標としてノンバーバルな行動の測定を試みた研究もある。例えば，外集団メンバーとの座る距離を測定した研究や（Campbell, Kruskal, & Wallace, 1966），アイコンタクトの回数や，瞬きの回数を測定した研究（Weitz, 1972）などである。これらの指標は，潜在的にはコントロール可能であるが，日常的にそれらに意識を向けることは少ない。そのため，意識的に偏見や差別を隠そうとコントロールされることが少ないと考えられる。これらの手法を用いた研究では，質問紙による反応とノンバーバル反応が一致しないという結果が得られている。例えば，あるマイノリティに対して，質問紙上では好意的な態度を示しつつも，アイコンタクトを拒んだり，距離を取って座ったりするなど，ノンバーバルな次元では，好意的ではない

しぐさを示していたのである（Hendricks & Bootzin, 1976; Weitz, 1972）。これらの指標は，コントロールされる可能性が低いという点に関しては有用な測定法といえる。しかし，周りの環境や実験状況の影響を受けやすいことが指摘されており，現実的な場面への応用は困難だという指摘もなされている（Maass, et al., 2000）。

このように，様々な測定法が考案されてきた。しかし，上述したいずれの測定法も回答者が意識することができる側面を測定しており，社会的望ましさの影響による自己呈示や自己欺瞞の可能性を払拭することは出来ない（Greenwald, et al., 1998）。そのため，それらの影響を排除する工夫が必要となる。

IATによる集団間の関係性の測定

このような言語化の際の自己呈示，自己欺瞞の影響を排除し，潜在的なレベルでの概念間の連合を測定するために考案された手法として The Implicit Association Test（以下 IAT と省略）がある（Greenwald, et al., 1998）。IAT は概念間の連合強度がカテゴリ分類課題のスピードや容易さとして表されるとするアイディアをベースとし，潜在的なレベルでの概念間の連合強度を測定することを目的としている（潮村・村上・小林, 2003）。

IAT は 1998 年に発表されたばかりの新しい手法であるが，それ以来数多くの研究がなされてきた。例えば，Devos and Banaji（2001）はエスニシティの問題を取り上げ，「アメリカ人意識」が，顕在的にはアメリカ人の多様性を認めていながらも，潜在的には白人系アメリカ人以外のエスニック・グループに属する人たちと「アメリカ人意識」との結びつきが脆弱なものであることを示している。また，Nosek, Banaji, and Greenwald（2002）は，潜在的な連合として，自己が女性という社会的集団に属していることの意識と，数学が男性的なものであるというジェンダー・ステレオタイプとが存在しているために，数学専攻の女子学生にとってさえ，自己と数学とを潜在的なレベルで結びつけることが困難になっていることを，IAT を用いて示した。

このような潜在的なレベルでの連合強度を用いた測定法としては，その他

にもストループ効果（Stroop, 1935）を用いた手法（Banaji, & Hardin, 1996）や"who-said-what paradigm（Taylor, Fiske, Etcoff, & Ruderman, 1978; Stangor, Lynch, Duan, & Closs, 1992）"，"The Go/No-go Association Test（Nosek & Banaji, 2001; 潮村, 2003）"など多くの手法がある。そのような多くの研究法がある中，*Journal of Personality and Social Psychology* の81巻5号（2001）では，潜在レベルでの連合強度を用いた測定法の特集が組まれたが，この号に掲載されたすべての論文がIATを用いていた。つまりIATは数ある手法の中で最も信頼性が高く，結果が安定しているといえる（Bosson, Swann, & Pennebaker, 2000）。

そこで，IATを応用することで，集団間の関係の中でも特に社会的望ましさの影響を受けやすいであろう内集団びいきを測定し，それをもとにした集団間の境界線の解析が出来ないかと考えた。

2）言語化に伴う問題（2）：イメージの測定

言語化に伴う問題の2つ目は，他者や他集団のイメージ，社会環境の認識を測定する際に問題となる。従来の環境認識に関する態度測定では，言語レベルによる測定が中心に行われてきた。しかし，われわれが環境を認知する際には，言語のみならず，イメージを媒介としていることが多く，それを含めた測定をする必要があるといえる。この問題は，集団間の関係の問題では，特に，社会的ステレオタイプの測定や社会的アイデンティティの測定で顕著になると考えられる。

社会的ステレオタイプ研究におけるイメージの言語化問題点

社会的ステレオタイプとは，社会の中で共有されたステレオタイプのことである。例えば，Katz and Braly（1933）は，10カ国の人のイメージについて，様々な形容詞が，典型的に当てはまるか否かをたずねた。その結果，どの国についても回答者の30％以上の人が選択する形容詞，即ち共有されるイメージが3〜4個あることを見出している。その後1951年，1967年に同じプリンストン大学の学生を対象に同様の調査を行ったところ（Gilbert,

1951; Karlins, Coffman, & Walters, 1969），極端にネガティブな項目の選択率は減少したものの，多くの項目が繰り返し選ばれる結果となった。

　このような社会的ステレオタイプの測定ではもっぱら言語報告が用いられており，ステレオタイプの一側面しか測られてこなかったと考えられる。もちろんこの問題は社会的ステレオタイプ研究だけではなく，ステレオタイプや偏見の測定全般にいえることである。しかし前述したように，個人のステレオタイプや偏見の程度に関する研究では，十分ではないにしろ様々な測定法が開発されてきた。一方でマクロレベルでの現象としての社会的ステレオタイプに関しては，1970年代以降新たな手法が開発されることもなく，立ち後れたままである。近年では，社会的ステレオタイプに関して社会的表象理論（Moscovici, 1976; Moscovici & Duveen, 2000）といった立場から，マクロな視点の理論展開が行なわれているが，実証的な研究は未だ十分に行われてはいない（矢守, 2001）。

　そもそも，人間は言語や理性だけで物事を把握，理解しているだけではなく，感性や情緒，イメージなど概念化できないものを発信・受信している（藤原, 2005）。そのため，言語を用いた質問紙だけでは，社会的ステレオタイプを十分に測定出来ているとはいいがたい。例えば，辻村・古畑・飽戸(1987)は，世界各国が抱く日本に対する（社会的）ステレオタイプについて「経済的」「エキゾチック」という形容的な側面があるだけではなく，「富士山」「芸者」などのようなイメージの側面があることを指摘している。このように，イメージとしての社会的ステレオタイプがあることが指摘されているにもかかわらず，それらを測定しようとした試みはほとんどなされてこなかった。

　もちろん，過去にイメージそのものを測定しようとした試みがなかったわけではない。情緒的意味を測定する方法として，調査対象者の意味構造のモデルを測定する為に開発したSD法（Semantic Differential Method; Osgood, 1952; Osgood, Suci, & Tannenbaum, 1957; 岩下, 1983）がある。SD法は，"美しい－みにくい" "楽しい－悲しい"のような形容詞対が与えられ，それに対して「非常に」「どちらかといえば」などの5件や7件の選択肢で回答を求める方法である。SD法は，ある概念が意味する内容を客観的計量的に測定可能である。また，SD法による調査では，評価・活動性・力量性という

3つの基本次元が一貫して抽出され，評定対象や調査対象者が変わっても，その因子構造が安定していることが実証されている。しかし，この手法では調査対象者および調査者が言語化しうるイメージは測定できても，言語として明確に概念化されないイメージは測定できているとはいえない。さらに，この方法で得られるイメージは，研究者があらかじめ用意した項目に対して当てはまるか否かの反応であり，個人が持つイメージを忠実に反映したものだとはいいがたい。

また，自由回答法を用いてイメージの測定を行う研究も多い。測定対象に関して思いつくイメージを自由に記述させるため，研究者が用意した項目への反応に限定されるという問題は解決される。しかし，言語化されないイメージは測定できないという問題点は克服できないように思われる。そのため，それらの問題点を克服した測定法を考案する必要があるといえるだろう。

社会的アイデンティティにおける認知的側面の測定

同様の問題は社会的アイデンティティ（Tajfel & Turner, 1979）の測定にもいえる。そもそも，社会的アイデンティティ理論が焦点を当てている集団は，民族・階級・職業・性（ジェンダー）といった社会的カテゴリとしての集団であり，認知的にカテゴリ化することが可能な抽象的な対象に関する研究が多くを占めていた。しかし，我々の所属する集団はそれら抽象性の高い集団だけではない。たとえば大学や会社，家族，地域社会といった集団のように，具体的でかつ限定された空間内でメンバーが相互作用や活動を行う集団も存在する。これらの集団は，先述したジェンダー、人種、階級といった集団に比べ相対的に小さく、集団としての連帯を持つことの出来る集団といえる。さらに、場所や空間を一時的ではあるが共有することが多い。こういった集団への所属から獲得される社会的アイデンティティについて研究する場合には，そこで行われる活動や，場所，空間，景観との関わりについても，社会的アイデンティティの構成要素として含められ，かつ測定される必要があるように思われる。特に我々が土地や空間といった環境を認識する際には，言語のみならず，イメージを媒介としていることが多い。しかし，従来の環境認識に関する社会調査や態度測定は，言語レベルによる測定が中心

に行われてきた。

　さらに，言語を基礎としたスケールによる地域への愛着の測定について，藤原(2005)は，今住んでいる地域に対する愛着の強さを測定することは可能であるが，調査協力者が思い浮かべる地域のイメージまでは把握できないため，愛着の高さや強さは同じでも，対象の認知的側面は異なるかもしれないという指摘をしている。例えば，「私は〜という場所に愛着を感じる」や「〜という場所に一体感を感じる」といった質問項目では，その場所に対する愛着の強さは測定できるものの，対象者が具体的には，どのような側面に愛着や一体感を感じているかまでは把握できないのである。つまり，具体的な集団を背景とした社会的アイデンティティを測定するためには，これらの認知的な要素も同時に測定される必要があるといえる。

写真投影法によるイメージの言語化問題の克服
　そこで，ステレオタイプにおけるイメージの側面や，認知的側面を考慮した社会的アイデンティティを測定するため，写真投影法と呼ばれる手法を応用することが出来ないかと考えた。

　写真投影法（Photo Projective Method）とは，「写真による環境世界の投影的分析法」である（野田, 1988）。この方法では，調査対象者にカメラを渡し，何らかの教示を与え写真を撮らせる。そして写真に撮られたものを，自己と外界との関わりが反映されたものと見なすことによって，認知された環境(外)と個人の心理的世界(内)を把握，理解しようとする方法である。

　写真投影法は，建築学や環境学をはじめとして，都市計画学，地理学，心理学などの領域で用いられてきた。写真投影法が様々な領域で注目されているのは，写真という媒体の特徴によるところが大きい。つまり，これまで言語レベルでの測定によってしか知りえなかった撮影者の視覚的世界や心理的世界を写真という視覚的データを介して垣間見ることができるのである。写真と言語という媒体を比べた場合，写真は実際の情景をありのままに再現することができる。そのため自由回答のような言語報告よりも対象を具体的に表現できることから，多くの情報が含まれているといえる。さらに写真は，言語では表現し尽くせない，もしくは言語として概念化することが困難な視

覚的イメージも伝達することができるのである。

　言語を基礎とした質問紙法では，調査項目の概念を共有していることを前提に，言語的な刺激（質問）に対する反応（選択）を測定しており，感性や情緒，イメージなど，概念化できないものの測定は困難であった。しかし写真投影法では，それらの概念化できない対象を読み取ることが出来るといえる。また，単に言語によらないということだけでなく，シャッターを押すだけであり，特別な技術を必要としない。絵を描くことや，内面的報告を言語によって行なわせることは，調査対象者の描写能力や言語能力に依存する部分が多い。しかし，それらの方法に比べればカメラは多少のブレなど技術に左右される部分があるとはいえ，年齢や国籍を問わず，誰もが簡単に扱えるものである。

　そこで本研究では，写真投影法を用いて，社会的ステレオタイプの認知的側面の測定と，社会的アイデンティティにおける認知的側面の測定を試みる。

第4節　集団間関係の測定における測定レベルの問題

　集団間の関係の測定における第三の問題は，集団間の関係性というマクロな現象をマイクロなレベルでしか測定してこなかったという問題である。本節ではこの点について議論し，解決のためのアイディアを簡単に提示する。

1）　測定レベルの問題

　問題点の3つめは，集団間の関係性をマイクロレベルで捉えるのか，マクロレベルで捉えるのかという点である。そもそも，社会科学において測定・分析されるデータには，個人に関するデータ（マイクロデータ）と集合体に関するデータ（マクロデータ）がある。さらに後者のデータは集合体を構成する個々人のデータから集計，導出される「集計データ」と，個々人のデータからは算出できない集合体に固有の「集合データ」に分類される（直井，1983）。「集計データ」とはいわゆる個人データの記述的統計の代表値にもと

づくデータである。広義の意味ではマクロデータといえるが，狭義の意味からは「集計データ」はマクロデータとはいえない。

集合データの測定の試みとして，例えばジニ係数やリターン・ポテンシャル・モデル（Jackson, 1960; 佐々木, 2000），社会的表象としての認知地図（矢守, 1994）などのいわゆる個人データの加工にもとづく測定や，集合体のメンバー間の関係性から集合データを導くソシオメトリーなどがある。その他にも，属性データ，集合体のサイズ，メンバー構成などによって表される集合体のデータなどいくつかの指標が考案されている（詳しくは杉万・矢守（1993）を参照）。

しかし，これらの手法はいずれも集団の特性を集合データで測定するにとどまっており，集団間の関係については，マクロレベルで分析した研究はごく稀である。例えば，Kapferer（1967）に代表される社会ネットワーク分析の一連の研究があるが，社会心理学やグループ・ダイナミックスの領域では，個人データの記述的統計的代表値にもとづく「集計データ」による分析がほとんどであり，マクロなレベルでの分析はほとんど行われてこなかった。集団間の関係というマクロな現象は，常に個人の集計データによって議論されてきたのである。

第2節で(1)に分類された研究は，対人間の理論を応用していることから分かるように，そもそもの測定の対象が個人であり，主に，どのような個人特性を持つ人がどの程度の偏見や差別を持っているのかというものであった。(2), (3)に分類された研究や理論は，分析枠組みとしてはマクロなレベルであり，社会構造，歴史的要因，状況的要因などを関係性の原因として扱っている。しかし，従属変数としては個人の対立的態度や偏見，内集団びいきについての集団の算術的平均値のみを扱い，それを集団間の関係として扱っていた。しかし，そもそも集団現象は，個人もしくは対人関係のレベルのものと，集団のレベルのものによって理解されるものである（佐々木, 2000）。また，マイクロ・マクロ問題の実証的解明という点からも，マクロ変数の計量（集合データの収集）方法の開発は極めて重要であり（杉万・矢守, 1993），集団間の関係性についてマクロレベルでの測定法の開発が必要だといえる。

2) リターン・ポテンシャル・モデルによるマクロレベルでの集団間関係の測定

集団間の関係性をマクロレベルで測定するために2つの方法を試みる。

1つめの方法は，リターン・ポテンシャル・モデル（return potential model; Jackson (1960); 佐々木 (1963, 2000)）を応用するというものである。そもそもリターン・ポテンシャル・モデルは集団規範（group norm）を定量的に測定，記述するために開発された。横軸に行動次元をとり，縦軸に評価次元をとって，行動次元上の各点に対応する行動型に当該集団が与えるであろう評価（是認または否認の度合い）を目盛って，これを曲線でつないだものをリターン・ポテンシャル曲線と呼ぶ（佐々木, 2000）。この曲線から該当集団がその行動次元に関して持っている，集団規範の構造特性を表す指標が導き出されるのである。

集団規範は，集団を構成する成員たちの期待によって成り立っており，集団レベルで集団規範を確定するには，成員間の一致度と共に決定されるべきことである（佐々木, 2000）。このことは，集団間の関係性にも同じことがいえ，集団と集団の関係性を確定するためには，各集団の成員間での一致度を考慮すべきだといえるだろう。つまり，集団Aと集団Bの関係性を考えるには，集団Aを構成する成員たちの，集団Bに対する態度の平均値を求めるだけではなく，集団Aの中でのいわば強度や結晶度が重要となると考えられる。これらの指標を合わせることで集団間の関係性をマクロレベルで考察することが可能となると考えられる。

そこで，本研究ではリターン・ポテンシャル・モデルを応用することでマクロレベルの集団間の関係性の測定を試みる。

3) 共有集団イメージ法によるマクロレベルでの集団間関係の測定

マクロレベルでの集団間の関係性を測定するための2つめの方法として，共有集団イメージ法（shared group image method）という手法を提案する。これは，ある集団あるいは集団のメンバーに対して人びとが抱いているイ

メージ，情報，認知を元にして，集団間の関係の認知マップを描き，集団と集団の境界を決定しようとする手法である。対象とされる複数の集団について，共有されるイメージや情報の共変性を元に数量化Ⅲ類（林，1974）による分析を行うことで，集団間の関係性を描こうとするものである。

さらにこの手法を等高線マップモデル（小杉・藤原，2004）と連携させて用いることで，マクロレベルでの集団間の関係性だけでなく，マイクロ・マクロの変数を同時に分析することが可能である。等高線マップモデルは Abelson（1954-55）のアイディアをもとにしており，多次元尺度構成法（MDS）などによって得られた態度の類似性空間上に，各対象に対する好意の強度を描くことを可能にしている。そこでイメージの類似性という指標をもとに，マクロレベルにおける集団間の関係性空間を描き，そこに個人の好意度を布置することで等高線マップを描く。このようにして描かれた等高線マップには，マクロレベルでの集団間の関係性における，個人の心理的緊張や葛藤を読み取ることができる。このような手法を用いることで，マクロレベルでの集団間の関係性とマイクロレベルでの個人の態度の関係を検討することが可能になると考えられる。

第5節　本書の構成

第3節，第4節では，集団間関係の研究における測定上の問題点と，解決のためのアイディアを簡単に指摘した。本節では，本書全体の構成と章ごとのねらいを示す。表1-1は問題点とその解決策を整理したものである。

第2部（第2章～第5章）では言語化に関する問題を扱う。第2章では，IATを応用することで，社会的望ましさの影響による自己呈示や自己欺瞞の可能性を排除した内集団びいきの測定と，集団間の境界線の解析を試みる。

写真投影法を用いた研究は，社会心理学の領域においてはほとんど無く，一般的な手法ではない。そこで，第3章で写真投影法を用いた研究の詳細なレビューを行い，その可能性を議論する。第4章では写真投影法を用いて，大学生を対象に所属大学に対する社会的ステレオタイプの測定を試みる。つ

表1-1　問題点の整理と論文の構成

	問題点	解決策	分析の対象	該当章
第2部：言語化に伴う問題	欺瞞的報告の可能性	IATの応用	内集団びいき 集団間の境界	第2章
	イメージの測定の欠如	（写真投影法の概要）		第3章
		写真投影法の応用(1)	社会的ステレオタイプ	第4章
		写真投影法の応用(2)	社会的アイデンティティ	第5章
第3部：測定レベルの問題	マクロレベルでの関係性の測定の欠如	リターン・ポテンシャル・モデルの応用	集団の受容-排斥の強度と結晶度	第6章
	マイクロ・マクロの同時分析の欠如	共有集団イメージ法の開発	集団間の境界・個人の態度と集団間の関係	第7章
第4部：総括				第8章

づく第5章では社会的アイデンティティにおける認知的側面の測定を試み，写真投影法の妥当性と客観性の問題について考察する。

　第3部（第6章～第7章）では集団間関係の測定レベルに関する問題を扱う。第6章では，関西学院大学の合同部室における共有資源を巡る団体間の関係について，リターン・ポテンシャル・モデルを応用した測定を行い，その可能性を検討する。第7章では，SIMINSOC（広瀬，1997）といわれるゲーミング・シミュレーション内で展開される集団間の関係性について，共有集団イメージ法を用いて分析し，集団間の境界を描き，さらに個人の態度との関係について議論する。

　本研究では以上のように，4つの方法を応用，開発することで，集団間の関係性を測定，記述，解析することを目的としている。長期的，最終的な研究のねらいとしては，集団間の関係性を改善するための方略を探索することにあるが，本研究が主眼を置いたのは，まずはそのための正確なものさしを作成しようという点である。

第2部　非言語的方法による集団間関係の測定

第2章
Implicit Association Test を用いた内集団びいきの測定

第1節　問題

　本章の目的は，潜在的連合強度テスト（Implicit Association Test; 以下 IATと省略；Greenwald, McGhee, & Schwartz, 1998）を用いて，(1) 上位集団としてのアジアへの内集団びいき（in-group favoritism）を測定することと，(2) それをもとに，アジアの中でも内集団と認識される範囲を見出すことである。またそれらをふまえ，集団間境界の測定への IAT の応用可能性を検討する。

1) 潜在的態度の測定

　IAT は，人が潜在的に持っている態度を測定することのできる手法である（Banaji, 2001）。この手法は，概念間の連合強度がカテゴリ分類課題のスピードや容易さとして表されるとするアイディアをベースとし，潜在的なレベルでの概念間の連合強度を測定している（潮村・村上・小林, 2003）。潜在的な態度とは「社会的な対象への好ましい，あるいは好ましくない感情，思考，行為を媒介する，内省的に識別することの出来ない（あるいは，正確に識別の出来ない）過去の経験の痕跡（Greewald & Banaji, 1995）」と定義されている。ここで，「内省的に識別することが出来ない」とあるのは，次のような事情を反映している。例えば，質問紙に代表される自己報告による態度測定の場合，意識的に回答をコントロールすることが可能であるため，

特に社会的に望ましくない態度の表出に関しては，それが隠されてしまう可能性がある。それに対して，潜在的な態度は過去の経験によって自動化されている知識の連合であり，それらを意識的に隠すことが出来ない，つまり内省的に識別することが出来ないのである。

そもそも IAT は，偏見やステレオタイプの測定の文脈で開発された。集団間の関係性は必ずしもコンフリクト状態にあるわけではないが，集団の関係性を扱う研究者の多くはコンフリクト関係に関心を持ってきた（Taylor & Moghaddam, 1994）。そのため，ステレオタイプや偏見の自己報告（Bogardus, 1923, 1925; Hovland & Sears, 1940; McConahay, 1986; Glick & Fiske, 1996 など），攻撃的行動や差別的な行動の観察（Hendricks & Bootzin, 1976; Weitz, 1972 など）といった否定的な成分を従属変数として用いることが多かった。このような直接的に意見を尋ねる質問紙法を用いた研究によると，1980 年以降，偏見や差別は減少しているという結果が得られるのだが，現実的には多くの現場で偏見や差別は拡がりを見せている（Maass, Castelli, & Arcuri, 2000）。このことは，質問紙による直接的な観察や測定では，調査対象者が意識的に回答をコントロールしている可能性があることを意味している（McConahay, 1986）。そもそも，人には社会的な規範に反することは意図的に隠そうとする動機がある。そのため，内省的に熟慮が可能な言語報告や行動観察といった測度では，意識された側面しか測定することができないといえる（Nisbett & Wilson, 1977; Greenwald, et al., 1998）。そのため 1970 年代以降，様々な測定法が開発されてきた。その経緯は第 1 章で述べた通りである。

IAT は，このような測定の際の社会的望ましさの影響による自己呈示や自己欺瞞の影響を排除し，潜在的なレベルでの連合を測定するために 1998 年に発表された。それ以来，様々な潜在的態度の測定に応用されている（Devos & Banaji, 2001; 小林・岡本, 2004）。潜在的なレベルでの連合強度を用いた測定法として，その他にもストループ効果（Stroop, 1935）を用いた手法（Banaji & Hardin, 1996）や "who-said-what paradigm（Taylor, Fiske, Etcoff, & Ruderman, 1978; Stangor, 1992）"，"The Go/No-go Association Test（Nosek & Banaji, 2001; 潮村, 2003）" など多くの手法がある。そのよ

うな多くの研究法がある中，*Journal of Personality and Social Psychology* の 81 巻 5 号（2001）では，潜在レベルでの連合強度を用いた測定法の特集が組まれたが，この号に掲載されたすべての論文が IAT を用いていた。つまり，IAT は数ある手法の中で最も信頼性が高く，結果が安定しているといえる（Bosson, Swann, & Pennebaker, 2000）。

2）IAT の原理と一般的な手続き

IAT によって潜在的な態度の測定が出来るとされるのは，次のような原理である。まず前提として連合の強い概念同士を同じカテゴリに分類することは，連合の弱い概念同士を同じカテゴリに分類することよりも易しいということがあげられる。このような潜在的な連合に関して，Greenwald and Farnham（2000）は以下のように説明している。

> 52 枚のトランプを分類するとする。52 枚には，クローバー，ダイヤモンド，ハート，スペードの 4 種類のマークにそれぞれ 13 種類の番号札がある。今，あなたはクローバーとスペードを左側に，ダイヤモンドとハートを右側に分類しなければならない。この分類作業にかかるスピードは，一緒に分類作業するカテゴリのペアが，自分の中でどれほど強く連合されているかに影響を受ける。もし同じカテゴリに分類される 2 つのマークが，ある共通点により連合が強ければ，その分類課題は簡単になる。この例では，クローバーとスペード（黒色という共通特性）は左側に，ダイヤモンドとハート（赤色という共通特性）は右側に分類することになる。この課題では色という特性が共通しているため，課題が簡単に行われるのである（pp. 1022-23）。

それに対して，クローバーとダイヤモンド，スペードとハートという組み合わせであれば，特に際だった共通特性が無く，連合が弱いため，課題を行うのは困難になる。このような原理を用いてステレオタイプを測定した最も初期の研究の 1 つである Gaertner and McLaughlin（1983）の研究では，言

葉に対する反応の早さを用いることで，ステレオタイプの測定を試みている。彼らは，「黒人」という単語と「ネガティブな意味の形容詞」の連合を認識する早さと，「黒人」という単語と「ポジティブな意味の形容詞」の連合を認識する早さでは前者の方が早いことから，潜在的に黒人に対する偏見やステレオタイプが測定されているとしている。その他にも，Devos and Banaji（2001）はエスニシティ（ethnicity）の問題を取り上げ，「アメリカ人意識」が，顕在的にはアメリカ人の多様性を認めていながらも，潜在的には白人系アメリカ人以外のエスニック・グループに属する人たちと「アメリカ人意識」との結びつきが相対的に弱いものであることを報告している。また，Nosek, Banaji, & Greenwald（2002）は IAT を用い，潜在的な連合として，自己が女性という社会的集団に属していることの意識と，数学が男性的なものであるというジェンダー・ステレオタイプとが存在しているために，実際に大学において数学を頻繁に用いる学問を専攻している女子学生にとってさえ，自己と数学とを潜在的なレベルで結びつけることが相対的に困難であることを示している。

　IAT の具体的な手続きは，黒人への偏見を例にすると，次の通りである。実験参加者は，コンピュータ画面上に提示される刺激のカテゴリ分類課題を与えられる（図 2-1 参照）。その際，2 つの対となる 4 つの概念（「黒人」と「白人」，「良い」と「悪い」）およびそれぞれの概念に属する刺激（「黒人の写真」，「白人の写真」，「良い意味の言葉（「幸せ」など）」「悪い意味の言葉（「苦痛」など）」を選択させる。これらの刺激を 1 つずつコンピュータ画面上に提示し，それぞれの刺激がどの概念に属しているかについて 2 つのボタン押しによる分類課題を行わせる。概念の組み合わせは "「黒人」か「悪い」カテゴリか，「白人」か「良い」カテゴリ" への分類課題（一致課題）と，"「黒人」か「良い」カテゴリか，「白人」か「悪い」カテゴリ" への分類課題（不一致課題）の 2 パターン構成される。これらの分類課題を同じ刺激に対して行い，平均反応時間の差を個人の持つ心理的特徴（黒人への偏見）の指標としている。例えば Greenwald, et al.（1998）は，一致課題において反応キーを押すよう指示した場合の反応時間は，不一致課題における反応時間よりも速いことを見出し，その差である IAT 得点は約 100 〜 200 ミリ秒であった

と報告している。IATはこのように，概念と属性間の潜在的なレベルでの連合を測定することができると考えられている。

図2-1　IATの画面構成

3) 内集団びいきの測定

社会的アイデンティティ理論（Tajfel & Turner, 1979）によれば，自分の所属する集団を内集団，所属しない集団を外集団として認知することが集団間関係の重要な規定因として考えられている。そして，内集団と認知された成員には好意的な態度・行動をとるが，外集団と認知された成員には非好意的な態度・行動をとるのである。これがいわゆる内集団びいきである。しかし，そもそもひいき目に扱うことは社会規範上良いこととはいえず，偏見やステレオタイプと同じように，その態度を強く持っていたとしても隠されてしまうことが考えられる。

また，内集団びいきという現象を考えたとき，内集団の成員に対しては肯定的な概念が結びつきやすく，外集団に対しては否定的な概念が結びつきやすいといえる。このことに関して村上・山口（2001a）は，IATを用いた実験の結果，内集団と快概念の連合は外集団と快概念の連合よりも反応時間が有意に短いことを報告している。例えば，日本人にとって日本とアメリカを

比べたとき，内集団となるのは日本である。そのため，日本とアメリカを対にしたIAT課題を日本人が行った場合，日本と快概念の連合のほうがアメリカとのそれよりも速いだろう。また，日本とアジアを比べたときには，日本が内集団でありアジアは外集団となる。しかし，地理学的な意味から，日本はアジア地域に属しており，アジアとアメリカを比べたときには，アジアは日本の上位の内集団（Gaertner, Dovidio, Anastasio, Bachman, & Rust, 1993）だといえる。そこで本研究では，アジアとアメリカを課題刺激とした場合，アジアに対する内集団びいきが生じる程度を，IATを用いて測定する。アジアに対する内集団びいきが生じているならば，アメリカに対する反応時間に比べて，アジアに対する反応時間が早くなると考えられる。

　また，以上の議論をふまえ，IATを用いることで内集団として認識されるアジアの範囲を測定できないかと考えた。「アジア」と一言でいっても，調査対象者が想定する「アジア」がどこまでの地域を含んでいるのかは明確ではない。一般にアジアとは「南北はマレー半島からシベリア，東西は日本からトルコおよびアラビアにわたる地域（大辞林第二版）」のことである。しかし，仮に質問紙上で「アジア」に対する集団アイデンティティを尋ねた場合，そのアイデンティティの高さは同じでも，調査対象者が内集団として集団アイデンティティをもつアジアが，東アジア地域だけなのか，東南アジアや西アジア地域を含めて，アイデンティファイしているのかは定かではない。そこで，客観的に規定される「アジア」ではなく，内集団として集団アイデンティティを持ち得る「アジア」がどれほどまでの地域なのかを測定しようというのである。もちろん言語報告によって「自分にとって，アジアとはどこまでの地域と思うか」と尋ねることも可能である。しかし言語報告によって尋ねた場合，知識としての「アジア」があるため，内集団としてのアジアを測定しているとはいえないだろう。

　村上・山口（2001b）は，IATによる潜在的な自己肯定感の測定において，自己と快（概念）の連合が自己以外と快（概念）の連合よりも有意に反応時間が短いことを示しているが，さらに，自己と対に提示する概念として「友人」や「内集団」を設定するよりも，「他者」を設定した方が大きな差が認められることを指摘している。つまり，好ましさや心理的近さの程度と関連

して，反応時間が変化することを示している。これを言い換えれば，対に提示する概念を固定した場合，反応時間の速さは好ましさや心理的近さの程度を表しているといえる。

　そこで本研究では，IAT課題のアジア刺激として，狭いアジア地域（以下，狭アジア条件）と広いアジア地域（以下，広アジア条件）という２つの条件を設定した。比較対象の刺激はいずれもアメリカである。狭アジア条件は日本から半径2500キロ内に首都が含まれるアジアの国や地域（中国・韓国・台湾）とし，広いアジアとは半径5000キロ内の国や地域（タイ・シンガポール・インドネシア・ミャンマー・カンボジア）とした（図2-2）。このようにして広狭２つのIAT得点が求められることになる。このとき，それらの得点と言語報告による「アジア」に対する集団アイデンティティとの間に相関が認められれば，そこに含まれる国や地域は内集団としての「アジア」として認知されていることを意味する。また，相関が認められていなければ，内集団としての「アジア」として認められていないといえる。なぜならば，一般に，集団へアイデンティファイしているのであれば内集団びいきが生じ，両変数の強度は相関するはずである。一方で，ある集団へ強くアイデンティファイしていながら，IATによる測定で内集団びいきが生じていない

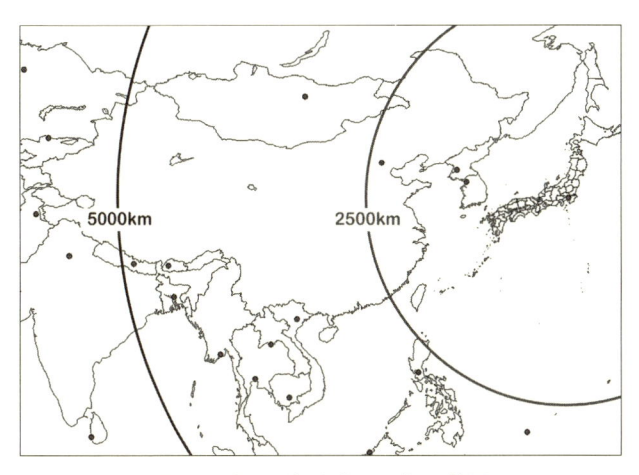

図2-2　狭いアジアと広いアジアの範囲

のであれば，それは与えられた IAT 課題の刺激を「内集団」として見なしていないためだと考えられるからである。

　言語による集団アイデンティティについては測定尺度がいくつか開発されているが（Abrams, Ando, & Hinkle, 1998; 加藤・小杉・岡本・野波, 2001; Karasawa, 1991; Hinkle, Taylor, Fox-Cardamone, & Crook, 1989; Luhtanen & Crocker, 1992; 渡辺, 1994 など），本研究では，国内での研究で最も頻繁に用いられている Karasawa（1991）の集団アイデンティティ尺度を用いる。

第 2 節　方法

実験対象者

　関西学院大学の大学生 98 名（男性 52 名，女性 46 名；平均年齢 20.98 歳，$SD=1.16$）が 1 名ずつ IAT に取り組んだ。

手続き

　まず，実験対象者は 1 人ずつパソコンに向かい，画面に提示される指示に従って，言語による日本に対する集団アイデンティティ尺度と，アジアに対する集団アイデンティティ尺度について回答した（質問項目の項を参照）。集団アイデンティティに関する質問群が終了すると，画面上には，IAT 課題全体に関する教示文が呈示される。具体的には，画面の真ん中に表示される単語や写真を "F" のキーか "J" のキーのどちらかのカテゴリにできる限り早く，間違わないように分ける旨が書かれている。IAT は 7 つのブロックから成り立っており，その構成は表 2-1 のとおりである。各ブロックで提示される刺激は 15 回であり，具体的に提示される写真や文字は表 2-2 のとおりである。また実際の画面は図 2-3 のようになっていた。写真はいずれも旅行代理店のパンフレットに掲載されている，その国や地域の代表的な建造物や風景，食べ物などの写真を用いた。これを広アジア条件と狭アジア条件の 2 回繰り返した。カウンターバランスをとるため，半分の実験対象者は 1 回目に狭アジア条件を行い，残りの実験対象者は 1 回目に広アジア条件を

第2章 Implicit Association Test を用いた内集団びいきの測定　45

表2–1　ブロックごとのタイプ

ブロック	"F" キー	"J" キー
B1	アジア	アメリカ
B2	良い	悪い
B3	アジア・良い	アメリカ・悪い
B4	アジア・良い	アメリカ・悪い
B5	アメリカ	アジア
B6	アメリカ・良い	アジア・悪い
B7	アメリカ・良い	アジア・悪い

ブロック1,2,5は個人誤差を測定するためであり，
ブロック3,6は練習試行用になっている

表2–2　カテゴリごとの刺激

カテゴリ	用いられた単語や写真
アジア（狭）	万里の長城・金閣寺・冬のソナタなど
アジア（広）	アンコールワット・マーライオン・涅槃像など
アメリカ	自由の女神・ブッシュ大統領・星条旗など
良い	幸せ・平和・明るいなど
悪い	恐怖・危険・暗いなど

図2–3　実際のIAT画面　（アジアと良い意味の連合・刺激は「アメリカ」の自由の女神）

行った。このようにして潜在的な内集団びいきを測定するため，「アジア地域」と「良い」，「アメリカ」と「悪い」の連合強度を測定した。

　連合の強さを示す指標である IAT 得点の計算は Greenwald, Nosek, & Banaji (2003) の提唱する計算アルゴリズムを採用した（式 2-1）。Greenwald et al. (2003) は（1）練習試行によるデータを計算に組み入れる，（2）被験者の反応時間における個人差に応じて修正するなどの方法を利用することにより，得られた IAT 得点の信頼性と妥当性が高くなることを示している。IAT 得点は，その値が高いほど，アジアに対する内集団びいきが大きいことを意味する。

$$IAT 得点 = \underbrace{(B7 - B5 - B2)}_{\substack{\text{「アメリカ」+「良い意味」}\\\text{に対する反応時間}}} - \underbrace{(B4 - B1 - B2)}_{\text{「アジア」+「良い意味」}} \qquad (式 2\text{-}1)$$

質問項目

　言語による日本への集団アイデンティティを尋ねるため Karasawa (1991) を参考に 9 項目の質問を行った（表 2-3. 因子分析の結果参照）。またアジアへの集団アイデンティティを尋ねるため，同様の質問項目を「日本」から「アジア」へと改めた質問を行った。ここで尋ねるアジアへの集団アイデンティティは，広狭のついたアジアではなく，一般的なアジアへの集団アイデンティティである。

第 3 節　結果

1）集団アイデンティティの因子分析の結果

　表 2-3 は得られたデータに因子分析（主因子法・プロマックス回転）を行った結果である。共通性が 0.30 以上，固有値 1.0 以上を基準として項目を選定

した結果2項目が除外され,「集団に対する同一化（ID-G）」「メンバーに対する同一化（ID-M)」と解釈できる2因子が抽出された。クロンバックの信頼性係数 α は，ID-G で $\alpha=0.79$（4項目），ID-M で $\alpha=0.70$（3項目）であった。

表2-3 因子分析の結果（主因子法・プロマックス回転）

	ID-G	ID-M
私は日本に所属していることをよく意識する	0.83	−0.33
私は日本に強い結びつきを感じている	0.61	0.20
私は日本に思い入れがある	0.59	0.20
日本人であることをうれしく思う	0.50	0.32
私は日本の人たちが好きだ	−0.15	0.84
日本人は良い人が多いと思う	−0.13	0.70
日本人であることを誇らしく感じている	0.38	0.44
因子間相関		0.79

表2-4 対象別の集団アイデンティティの平均値と t 検定の結果

	日本 平均値 (SD)	アジア 平均値 (SD)	t 検定の結果
ID-G	3.75 (0.66)	2.61 (0.67)	$t_{(97)}=14.35, p<.01$
ID-M	3.52 (0.64)	2.75 (0.66)	$t_{(97)}=9.46, p<.01$

表2-4は，日本とアジアに対するそれぞれの得点の平均値と SD である。日本とアジアの間で t 検定を行った結果，ID-G，ID-M いずれにおいても有意な差が認められ（$t_{(97)}=14.35, p<.01$; $t_{(97)}=9.46, p<.01$），いずれもアジアよりも日本に対する集団アイデンティティが高かった。

2) 反応時間

狭アジア条件における一致課題（「アジア」＋「良い意味」）の連合の反応時間（$M=659_{(ms)}, SD=344$）と不一致課題（「アメリカ」＋「良い意味」）の連合の反応時間（$M=761, SD=349$）の間には有意な差が認められた（$t_{(98)}=3.78, p<.01$）。また広アジア条件においても一致課題の連合の反応時間（$M=721, SD=365$）と不一致課題の連合の反応時間（$M=815, SD=287$）の間に有意な差が認められた（$t_{(98)}=2.50, p<.01$）（図2-4）。つまり，広狭いずれの条件でも，「アジア」＋「良い意味」の連合の方が，「アメリカ」＋「良い意味」の連合よりも反応時間が短かった。

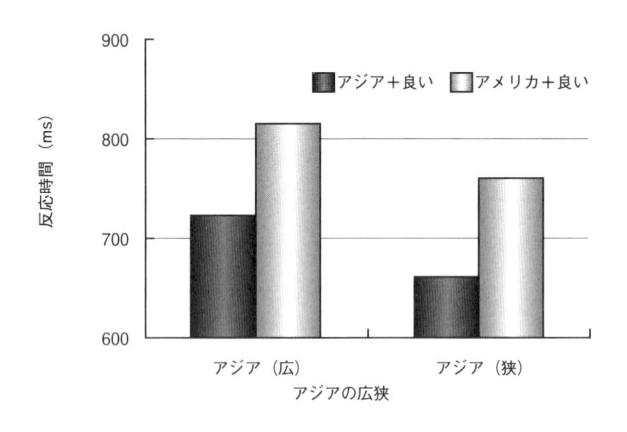

図2-4　条件ごとの反応時間

3) IAT得点とアジアに対する同一視の相関

狭アジア条件でのIAT得点は$M=102.14$（$SD=405.06$）であり，広アジア条件でのIAT得点は$M=90.41$（$SD=235.78$）であり，条件間の差は認められなかった（$t_{(97)}=0.36, n.s.$）。なお，IAT得点は高いほど，アジアに対する

内集団びいきが大きいことを意味する。

　日本に対する集団アイデンティティの高さは，その個人が持つ日本という集団にアイデンティファイしている程度と考えられる。そこで，アジアに対する集団アイデンティティの値から日本に対する集団アイデンティティを引くことで，より厳密なアジアに対する集団アイデンティティが求められるといえる。今後，アジアへの集団アイデンティティという場合は，この差分のことを意味する。このようにして求められた値とIAT得点との相関を求めたところ表2-5のとおり，狭アジア条件においてID-Gとの有意な相関が認められた（$r=0.28, p<.01$）。

表2-5　アジアへの集団アイデンティティIAT得点の相関係数

	IAT得点	
	狭アジア	広アジア
アジアへの集団アイデンティティ（ID-G）	0.28**	−0.03
アジアへの集団アイデンティティ（ID-M）	0.17	0.08

** : $p<.01$

第4節　考察

1）アジアに対する内集団びいき

　IATを用いた実験の結果，狭アジア条件，広アジア条件いずれの場合にも，一致課題の連合の反応時間と不一致課題の連合の反応時間の間に有意な差が認められており，アジアを内集団として認知していることが確認された。両条件間の差は約100msであり，Greenwald, et al.（1998）の黒人への偏見の調査結果と同程度の差であることからも，アジアに対して内集団びいきが生じているといえるだろう。

　また，狭アジア条件と広アジア条件のIAT得点の間には有意な差が認められておらず，アジアの広さによる内集団びいきの程度に差はなかった。し

かし，言語報告によるアジアへの集団アイデンティティとIAT得点の相関分析を行った結果，狭アジア条件の場合にのみ，集団アイデンティティ（ID-G）の程度とIAT得点の間に有意な相関が認められていた。つまり，アジアへのアイデンティティが高い（すなわちアジアを上位内集団として認知している）個人は，狭アジア地域に対して，強い程度で内集団びいきが生じ，アジアへのアイデンティティが低い（すなわちアジアを上位内集団として認知しない）個人は，内集団びいきが生じないということである。しかし，広アジア条件ではアジアに対する同一視（ID-G）の程度とIAT得点の間に，有意な相関が認められなかった。すなわち本実験への参加者にとって内集団として認知される「アジア」は日本から半径2500キロ程度内のいわゆる東アジアの国々だけであり，東南アジア地域は上位内集団として認知されていないと考えられる。

有意な相関はメンバーに対する集団アイデンティティ（ID-M）でも認められていなかった。この原因の1つとしては，IAT課題として用いた刺激写真の多くは，その国や地域を代表する建造物や風景であり，その国や地域の人間に関するものがなかったことが考えられる（アメリカのブッシュ大統領を除く）。刺激写真として各国や地域に特徴的な顔などを含めていれば相関が認められていたかもしれない。

また，態度の成分には認知成分，感情成分，行動（意図）成分があるが（Rosenberg & Hovland, 1960），IATによって測定されている態度の成分は主に感情成分と考えられる。大江・金・繁桝（2005）はIATを用いたステレオタイプの測定において，認知成分の活性化と感情成分の活性化を比べたところ，後者の活性化の方が優勢であることを指摘している。また，ID-G因子は1項目を除き，情緒的な成分から構成されている。これらのことから，IATによって測定されている態度成分は主に感情的成分であることが考えられる。

2） IATによる集団間関係の測定の可能性

集団間の関係を扱った研究の大半は，集団のカテゴリを客観的に規定され

るものとしてのみ扱っていた。例えば，社会的アイデンティティ理論においては，自己と同質性の高い成員を内集団成員として認知し，同質性の低い成員を外集団成員として認知する（Hogg & Abrams, 1988）としておきながらも，集団間の関係を扱った研究では，既存の社会的カテゴリに基づき，自分の所属する社会的カテゴリを内集団，所属しない集団を外集団として固定的に扱うことが多かった。また，自己カテゴリ化理論においても，自己を内集団へとカテゴリ化するプロセスやメカニズムについては言及しつつも，集団間関係のダイナミックスの中で，どこまでの人を内集団成員と認知するのかという点が十分ではなかった。

現実の集団間の関係において，実質的には，内集団と外集団を分け隔てる境界は必ずしも客観的なものではなく，時と場合によって主観的な意味づけが重要となる。例えば，これまで対立的であった集団間の関係が協調的な関係になったり，上位の内集団として認知されたりした場合，もとからあった客観的な集団カテゴリは意味を持たず，主観的な意味づけが重要になるだろう。そのため，客観的に規定される集団間の境界線だけではなく，内集団として主観的に意味づけされた境界線を知る必要があるといえる。

主観的な意味での内集団ということに関して，Hogg and Abrams (1988) は，集団へのアイデンティファイの程度が，集団間行動に影響を与えていると述べている。そのため，多くの研究では，社会的アイデンティティ尺度や集団所属感の尺度を作成し，そこで測定された強度と集団間関係との関係について議論してきた。それに対して，本研究では集団アイデンティティの外延，すなわち，アイデンティファイしている集団の領域の測定を試みている。集団間の関係について検討する際には，強度だけではなく外延性を含めた両指標が重要になると考えられるからである。言い換えるならば，内集団として認識する集団の領域とは内集団と外集団の境界を意味していると考えられるのである。

しかし，質問紙などによる言語報告によって内集団と外集団の境界線を測定することは困難である。なぜなら，第1章で指摘したような言語化の問題に加えて，既存の社会カテゴリに関する知識によって答えてしまうという可能性や，言語刺激として提示される社会的カテゴリ自体が，集団アイデン

ティティに対して影響を与える可能性があるからである。最少条件集団実験パラダイム (Tajfel, Billig, Bundy, & Flament, 1971) やラベリング効果 (Darley & Gross, 1983) の研究によれば，ある集団について自分とは異なる集団だという情報を与えてしまうだけで，そのカテゴリに対してネガティブな評価をしてしまうことが知られている。そのため，集団アイデンティティについての質問を行う際に，それらの客観的なカテゴリを刺激語として用いてしまえば，潜在的に外集団と意識される可能性がある。

　そこで本研究では，IAT を応用することで内集団として認識される領域の測定を試みた。国や地域の代表的な建造物や風景，食べ物を課題刺激として用いるため，社会的カテゴリを提示する必要が無く，上述のカテゴリ化の効果を排除することが出来る。また，IAT は潜在的なレベルでの概念間の連合を利用しており，良い − 悪いという概念との連合強度を測定することで，社会的カテゴリにとらわれない課題刺激の評価を知ることが出来る。そのようにして求められた IAT 得点と，言語レベルでの「アジア」への集団アイデンティティの相関を求めることで，内集団として認識される領域を測定したわけである。これまで，内集団と外集団の境界を測定した研究は無く，本手法を発展させていくことでそれが測定できるとすれば，画期的な方法といえるだろう。

　もちろん，この方法にデメリットがないわけではない。例えば，本研究では「アジア」に関して便宜的に半径 2500 キロと 5000 キロという 2 つの領域を設定した。その結果，日本人大学生の内集団としての「アジア」が半径 5000 キロの東南アジアは含んでいないということが明らかになったのである。つまり，離散的な内集団の領域を測定したに過ぎない。実際には連続変量として考えられるため，何らかの工夫が必要となるだろう。

　また，IAT の 1 回の実施時間の長さもデメリットとして挙げられよう。1 回の IAT は各ブロックが 1 分前後の 7 つのブロックから成り立っており，1 人当たり 10 〜 15 分かかってしまう。特に IAT 得点の精度を高めるためには，課題提示の数が一定以上は必要であり，時間の短縮には測定装置の技術的な改良が必要だろう。

　それらの点を含め，この手法を洗練させていくことで，言語化や言語刺激

に伴う潜在的な影響を除外した，内集団の範囲や，外集団との境界を探るための手法として有効なものとなるであろう。

第3章
写真投影法の概要

　本章では，写真投影法を用いた集団間の関係の測定を試みる前に，写真投影法について概観し，社会調査の技法や態度測定の技法としての可能性を検討することが目的である。

第1節　はじめに

　従来，社会調査や心理学における態度の測定においては，言語を介した測定が行われることが中心であった。しかし，人間は言語や理性だけで物事を把握，理解しているわけではなく，感性や情緒，イメージなど概念化できないものを発信・受信している（藤原, 2005）。そういった言語化されない意識や態度を測定するには，言語を介する必要のない手法が必要とされよう。そこで，本章では，写真投影法といわれる手法の，社会調査や態度測定への応用可能性について検討する。

　写真投影法（Photo Projective Method; 以下PPMと省略）とは，「写真による環境世界の投影的分析法」である（野田, 1988）。この方法では，調査対象者にカメラを渡し，何らかの教示を与え写真を撮らせる。そして写真に撮られたものを，自己と外界との関わりが反映されたものと見なすことによって，認知された環境（外）と個人の心理的世界（内）を把握，理解しようとする方法である。

　PPMは，建築学や環境学をはじめとして，都市計画学，地理学，心理学などの学問領域で用いられてきた。PPMが様々な学問領域で注目されてい

るのは，写真という媒体の特徴によるところが大きい。つまり，これまで言語レベルでの測定によってしか知りえなかった撮影者の視覚的世界や心理的世界を，写真という視覚的データを介して垣間見ることができるのである。写真と言語という媒体を比べた場合，写真は実際の情景をありのままに再現することができる。そのため自由回答のような言語報告よりも対象を具体的に表現できることから，多くの情報が含まれているといえる。さらに写真は，言語では表現し尽くせない，もしくは言語として概念化することが困難な視覚的イメージも伝達することができるのである。

　都筑（2005）は臨床心理学的な観点から，写真を分析した従来の研究を「環境認識の研究」，「心理的世界の研究」，「臨床および教育・地域実践への応用」という3点にまとめている。本研究では，臨床的な応用だけではなく，より幅広い調査技法・態度測定法としての写真投影法という点を強調するため，研究の手段として写真を用いたものも含め，次の3つの観点からレビューを行う。①インタビューを進行する上での技法，②ランドスケープ評価の技法，③個人の内面を知るための技法という3点である。

第2節　写真を用いた調査研究のレビュー

1）インタビュー技法としての写真の利用

　写真を用いた社会調査の嚆矢となる研究は，人類学や社会学の領域でみられる。たとえばBatson & Mead（1942）のバリ島人に関する古典的な研究に代表されるように，観察記録のために写真が用いられることは多かった。つまり，会話をカセットテープに録音するように，調査者が見たものをカメラで記録するのである。その一方で，1970年代後半から80年代にかけて，調査対象者へのインタビューのきっかけとして写真を用いる方法が多く用いられはじめた（PHOTAM：Gates, 1976/ photo elicitation; Haper, 1984）。これらは写真誘出法と呼ばれる方法で，写真の提示をきっかけに，調査対象者から情報を引き出そうとするのである。これらの研究では口頭のインタ

ビューのみでは測り得ないものを，写真を用いることによって，測定が可能になることを示した。例えば Gates（1976）は，調査者の用意した都市化レベルの異なる写真をメキシコ農民に提示し，写真に対する反応から彼らの都市化についての態度を測定した。Gold（1991）は，ベトナムにおける難民を対象に，深層面接の際に写真を用いて人種間の境界やエスニック・アイデンティティを探った。Schwartz（1989）は，農村コミュニティや家族についてのインタビュー調査を実施する際に，家庭内の出来事に関する写真を提示した。それによって，インタビューに付きまとう不自然さがなくなり，調査対象者の素朴な反応を引き出すことが出来たとしている。また，Modell and Brodsky（1994）の調査では，調査者が事前に準備した写真を見せることで，ペンシルバニアの農民の思い出や将来計画についてのインタビューを始めた。彼らは，それらの写真が会話を引き出すのみならず，個人の思い出や共有されたイメージを喚起することから，写真が概念的装置（conceptual device）となることを指摘している。本邦でも，高齢者を対象とする心理療法の一つである回想法に生活写真を取り入れることは，高齢者の回想や語りを呼び起こすのに有効であるとされている（志村・鈴木, 2004）。その他，看護現場での問診や病気の子どもを持つ母親に対して，写真を提示することから聞き取りを始めるという研究もある（Higgins & Highley, 1986）。

このように，インタビューを進行するための技法として写真を用いた研究では，調査対象者が明確に言語化，概念化できなかった内容が，写真という視覚的イメージを介することで，それを具体的に表現することが可能になることが示されてきた。

2） ランドスケープ評価に対する写真の利用

一方，ランドスケープ評価のために写真を用いた研究では，人が景観や環境をどのように認識しているのかといった点だけでなく，人と環境との関係性についても明らかにされてきた。初期の研究として，Cherem and Driver（1983）の研究がある。彼らは，自然環境における人々の知覚を定量的に把握することを目的に，ミシガン州やコロラド州の自然公園でハイカーやカヌー

イストを対象に，来訪者による写真撮影法（Visitor Employed Photography）による調査を実施した。そして，それぞれの自然公園で 10％以上の調査対象者が撮影した景観を，来訪者が興味をもつ知覚の対象として捉え，自然環境下における人間の知覚と情報処理の過程について考察している。寺本・大西（1995）は，「あなたの住んでいる町の好きなところや好きなもの，嫌いなところ，嫌いなものを撮ってください」という教示で，小学生にレンズ付きフィルムを渡した。彼らの研究目的は，環境認知の測定法として写真投影法と手描き地図がどの程度子どもの身近な世界を把握できるのかという点にあった。そして，写真のメリットとして情報量の多さを指摘している。また工藤（1994）は，農村集落で生活する小学生 15 名と高齢者 10 名に「私の住んでいるところ，好きなもの，写したいこと」というテーマで屋外での撮影を依頼した。そして，撮影対象，撮影地点，対象との距離関係の視点から写真の分析を行った結果，農村集落住民の意識にある環境イメージを明らかにした。

奥・深町（1995）は，箕面国定公園を訪れた 65 組のグループを対象に，よい風景や楽しい出来事，おもしろいと思ったもの等の撮影を求め，1130 枚の写真を得た。そして，撮影頻度を示す指標を用いたクラスター分析から撮影対象が 5 つの風景群に整理されることを示し，森林リクリエーション地域に対する利用者の風景認識を明らかにした。長瀬・浅野（2004）は，森林ボランティア団体と一般大学生に，森林公園の歩行時に興味の対象になったもの，注意を向けたものの撮影を求めた。そして，写真と撮影対象に関する記述から，視覚情報の抽出のされ方が異なることを示し，森林の空間特性や森林への関わりの程度の違いが，森林における空間認知に影響を及ぼすことを解明した。青野・加我・下村・増田（2005）は，丘陵端部の農村地域において，居住者の視点から農村風景を評価するため，21 名の居住者に協力を依頼し，屋外の好きな風景の撮影を求め，222 枚の写真を得た。分析の結果，地形分類ごとで居住者が好む風景の特性が異なることを明らかにした。

以上のように，環境に対する人々の認知の仕方を明らかにしようとするだけでなく，それを街づくりやコミュニティ政策に生かそうとする試みもなされている。例えば，久・鳴海（1992）は，子どもにとっての街づくりのため

に，子どもたちが何に注目して生活しているのかを把握するため，118名の子どもにカメラを持たせ撮影を行わせた。撮影のテーマは「1日の生活で，好きな場所や嫌いな場所」であった。その結果，田舎の子どもの写真には人の姿がほとんど映っておらず，公園や店舗の全景を写しているものが多いのに対して，都会の子どもは店内の様子や塾に集まる子どもの姿など人間の活動風景を写すものが多く存在していた。

さらに，古賀・高・宗方・小島・平手・安岡（1999）は，写真投影法を応用した「キャプション評価法」という手法を提案している。キャプション評価法とは，調査参加者にカメラを持たせて自由に街を歩かせ，気になる景観を撮影させるとともに，その景観に対する良し悪しの判断や印象の評価を求める調査手法である。彼らは，得られた約1000語の景観に関する語句を集計し，環境整備への提言を行っている。曽・延藤・森永（2001）は，団地再生計画の研究の中で，高根台団地に住む高齢者28名にレンズ付きフィルムを渡し，住環境における好きなもの（ひと・こと・ところ），困っているもの，思い出のものを撮影するように求めた。写真からは，各個人が日常生活の中で何を感じているのか，何を望んでいるのかといった生活の中での価値や意味が表れた個人の「ライフヒストリー」が把握できることが示された。彼らは，それに加えて，インタビュー調査と写真発表会を実施した。そして，各個人が撮影した写真の発表会を行うことによって，居住環境に高い認識を持ち，団地再生計画への意欲がみられるようになってきたと結論づけている。また，藤原（2005）は，地域住民が自分の住んでいる地域環境をどのように理解しているのかを把握するため九州天草地方の住民を対象に調査を行った。そして，写真からは，人々の暮らしが自然環境によって規定されていること，コミュニティでの生活模様，コミュニティへの想いや誇りといったコミュニティ感覚が垣間見られるとしている。

3） 個人の内面世界を知るための写真の利用

個人の内面世界を知る手がかりに写真を利用した研究では，日常生活の中で個人が重視するもの，関心があるもの，環境に対する志向性といったもの

が明らかにされてきた。Ziller and Lewis（1981）は，調査対象者にカメラを渡し，「自分自身が何者であるか」を伝えるような写真を撮影する（もしくは撮影してもらう）ように依頼した。その結果，例えば成績の良い学生は特に重要なものとして本を写しており，反対に成績のふるわない学生は，学校の写真が少なく，友人の写真が多いという結果であった。つまり撮影された写真には，学生たちのアイデンティティに関わる重要なものが反映されていた。このことを踏まえ Dabbs（1982）は，例えば「自分の所属する組織がどのようなものであるのか」というように撮影の際の教示を変更することで，組織・集団に所属することの重要性を測定することが可能だと述べている。

さらに Ziller（1990, 2000）は，自己を知るきっかけとして，写真自叙法（photo-self-narrative）という手法を用いた調査を行っている。具体的には，Ziller（2000）は8名の調査対象者に対して「あなた自身に自分と向き合ってもらうために，自分自身が何者であるのかを話すように12枚の写真を撮影して下さい」といった教示を与えている。このようにして，個人の環境に対する志向性，すなわち環境内の何に関心を向けているのかを知ろうとし，それをカウンセリングに生かそうとした。Dollinger and Clancy（1993）や，Dollinger, Robinson, & Ross（1999）なども同様の方法を用いて自己概念を探る試みをしている。また，向山（2004）は，それらの研究をふまえ，自己概念研究における自叙写真（auto-photographic）の重要性を指摘している。

また，Hagedorn（1990, 1996）は，慢性病の子どもをもつ親に，毎日のケアの様子を写真に撮影するように求めた。例えば，ある父親の写真には多くの薬が並ぶ棚や，マイクロ波治療器が写されていた。これらの写真は，父親が子どもをいかに大切にしているかが表れているだけでなく，子どもの大切さを父親に再認識させていると述べている。植村（1993）は，107名の中学生を対象に孤独感を測定し，得点が上位10名・下位10名であった20名の男女中学生にフィルムを渡し1週間の生活をカメラに撮るように教示した。その結果，孤独感得点が高い学生は低い学生に比べ，生活空間が狭く，屋内のものを被写体とする割合が高いことなどが分かった。また，松田・加藤（2004, 2007）は，写真投影法を用いることで，住居や個室といった空間と自

己の関わりを明らかにしている。

　植村（1996）はこの手法を43組の高齢期夫婦に適用した。そして高齢期夫婦のパートナーシップが日常生活に影響していることを明らかにしている。具体的には，パートナーシップが高い夫の場合には，妻への愛情に留まらず，家族，さらには近隣の人々への親和的動機づけが強いこと，パートナーシップの低い夫の場合は，趣味や娯楽を生きがいにし，家族生活へのこだわりをあまり持たず，近隣との繋がりもないことを見出している。その他，電通総研（1993）は世界7カ国（フランス・イギリス・日本・中国・ケニア・ルーマニア・ロシア）の若者に，24枚撮りのフィルムを渡し，人，物，場所などで好きなものを撮影するように求めた。東欧の革命の最中に行われたこの調査の結果には，大きな時代変革の中で若者が見つめていたものが反映されていた。

　以上のように，心理学をはじめ様々な学問領域で調査の手段や分析の対象として写真は用いられてきた。これらの研究では，1枚の写真から個人の視覚的世界や心理的世界，個人と環境との関係性が明らかになることが示されてきた。さらには，言語として概念化することが困難な内容も，写真を用いることによって表現することが可能となることが示された。藤原（2005）も指摘するように，人間は言語や理性だけで物事を把握，理解しているだけでなく，感性や情緒，イメージなど概念化できないものを受信・発信しているのである。これまでの社会調査では，言語レベルでの測定が中心に行われてきたため，人々の感性や情緒，イメージといった側面の測定は十分に行われてこなかった。しかし写真投影法では，個人の外的・内的世界に関わるイメージを測定することができるのである。そのため，言語を介する従来の社会調査では測定し得なかったイメージ，ステレオタイプ，メタファーを測定できる可能性を持った新しい社会調査の技法としても注目されている。

第3節　写真投影法の可能性

　社会調査の技法として写真投影法を用いることのメリットをまとめると次

の3点を指摘できる。①イメージの簡便な測定，②個人的思い入れと集合的表象の両面の測定，③アクションリサーチ的・応用的可能性である。

　1点目については，写真投影法が言語を基礎とした質問紙法に比べて，調査対象者の自由度が高く，本人が言語化できない情報を含んでいる点が挙げられる。つまり，多くの社会調査で用いられる言語レベルの質問紙では，調査項目の概念を共有していることを前提に，言語的な刺激（質問）に対する反応（選択）を測定しており，感性や情緒，イメージなど，概念化できないものの測定は困難であった。しかし写真投影法では，それらの概念化できない対象を読み取ることが出来る。さらに，単に言語によらないということだけでなく，シャッターを押すだけというカメラの利便性も社会調査を実施する上での大きなメリットとなる。より詳細に述べれば，第1に写真投影法は特別な技術を必要としないということである。絵を描くことや，内面的な報告を言語によって行なわせることは，調査対象者の描写能力や言語能力に依存する部分が多い。しかし，それらの方法に比べればカメラは多少のブレなど技術に左右される部分があるとはいえ，年齢や国籍を問わず，誰もが簡単に扱えるものである。第2に，その簡便さがゆえに，即時的な記録が可能である点が挙げられる。レンズ付きフィルムをはじめ，近年のカメラは小型化が進み，容易に携帯できる。そのため，撮影をしたいと思ったその場で，瞬時に撮影できる。第3には，質問紙への回答という心理的な負担を伴う作業とは違い，楽しみながら調査に協力が出来るという点である。

　2点目のメリットとしては，写真には，個人的な思い入れと，成員間で共有しうる集合的表象の両方が表れていることが指摘できる。Okamoto, Ikeuchi, & Fujihara（2006）は，写真投影法を用いた社会的ステレオタイプの測定の試みの中で，「所属大学らしいもの」，「所属大学らしくないもの」として撮影された対象には，個人的反応と集合的反応がそれぞれ投影されていることを指摘している。つまり，ステレオタイプとしての所属大学には，多くの人々が共有する典型的な所属大学としての社会的ステレオタイプだけでなく，個々人が「所属大学といえばこれ」と思い込んでいる個人的な思い込みが反映されていると述べている。このような測定は，言語報告による質問紙でも可能かも知れない。しかし言語化するという作業を媒介すること

は，自ら持っている独自のイメージを共有概念である言語に置き換える必要がある。そのため，成員間で共有される集合的表象をより厳密に測定するならば，言語を媒介してイメージを測定することは避けるべきである。写真投影法は，それを可能にしている。

3点目のアクションリサーチ的・応用的可能性については，大きく3つに分類することが出来る。第1に街づくり・環境づくりへの応用可能性である。写真投影法は，ランドスケープ評価・キャプション評価の手法として建築・都市計画や観光地計画の現場で用いることが可能である。例えば久・鳴海（1992）や古賀他（1999）は，写真投影法を子どものための街づくりに役立てている。また羽生・黒田・高橋（2002）は，白川村萩町地区において観光客が集落内でどのような行動をしているのか，またどのような集落風景が観光対象となっているのかを写真撮影調査を用いて明らかにし，今後の観光地計画への提言を行っている。

第2に個人の振り返り・教育効果の期待である。例えば曽他（2001）は，写真投影法による調査の後に写真発表会を実施したが，その経験が参加者らの住環境への関心を高め，再生計画への意欲が見られるようになったという。またZiller（2000）は，得られた写真をカウンセリングに応用し，山中（1978）はクライエントによって撮影された写真にもとづいて精神療法を進める写真療法を提唱している。臨床場面への応用に関わらず，日常の風景をファインダー越しに覗き，写真として切り取ることで，新たな発見が得られることもあろう。写真投影法で場所のへ愛着の測定を試みたStedman, Beckley, Wallace, and Ambard（2004）は，参加者が調査を通じてその場所に愛着を感じる理由を理解するようになったと報告している。

第3にCherem and Driver（1983）も指摘するハザードマップ作成への応用可能性である。具体的には，子どもの通学路や遊び場を整備する際，子どもたちに危険であると思う場所や通りを撮影させることで，子どもの視点に立って現場を歩かなければ気づかないことを計画に盛り込むことも可能となろう。例えば，岡本・林・藤原（2008a, 2008b, 2009b）や林・岡本・藤原（2008b, 2008c）は写真投影法を用いることによって，大人と子どもの危険認知の違いについて言及し，地域安全マップを作成している。このように言語化する

能力が十分でない子どもを対象に調査を行う際には，写真投影法が大変有効なものとなるであろう。

第4章
写真投影法を用いた社会的ステレオタイプの測定

第1節　問題

　本章の目的は，写真投影法（Photo Projective Method; 以下 PPM と省略）を応用し，所属大学に対する社会的ステレオタイプ（social stereotypes）を測定することである。

　ステレオタイプについては，集団間の関係における重要なトピックとして，古くから研究されてきた（Allport, 1954; Ashmore, 1970 など）。この用語を初めて用いた Lippman（1922）は，対象を任意のカテゴリに当てはめて認知することを，「私たちの頭の中の写真（the picture in our head）」と表現し，これにステレオタイプという用語をあてた。そもそもステレオタイプという用語は，カテゴリと結びついた誇張された信念であり（Allport, 1954），ネガティブ・ポジティブな意味合いを持たないニュートラルな用語である。しかし多くの場合、ニュートラルな意味でのステレオタイプが研究の対象となることは少なく、そこにネガティブな意味合いが付与されることで、偏見や差別として研究対象となっていた。そのため、ステレオタイプの研究では、その測定方法が問題になってきた。なぜなら、偏見や差別は社会規範に反し、また、人は社会規範に反することについては意図的に隠そうとする動機があるためである。質問紙や行動観察といった測定方法は、調査対象者が自分の回答や行動を熟慮することが出来るため、意識された心理的側面しか測定することが出来ないのである（Nisbett & Wilson, 1977; Greenwald, McGhee, & Schwartz, 1998）。そのため，偏見やステレオタイプを測定する

ための様々な方法が開発されてきた（第1章・2章参照）。しかし，それらの測定方法はいずれもマイクロな視点からのステレオタイプの測定であり，個人が持つステレオタイプの強度を測定することに焦点が当てられていた。

そもそもステレオタイプの定義を巡る1つの議論として，ある集団内での合意的な信念（shared belief / consensual belief）なのか，個人的な信念（individual belief）なのかという問題がある。ステレオタイプの持つ合意性を強調する研究者は，ステレオタイプの定義として集団や社会の中の成員が共有していることを指摘している（例えばFiske & Pavelchak, 1986; Taylor, 1981; Stroebe & Insko, 1989）。一方で，Ashmore and Del Boca（1981）は，ステレオタイプを「ある社会集団に対して持っている個人の信念」と定義し，ある社会に共有された信念は文化的ステレオタイプ（cultural stereotype）と明確に区別している。またSecord and Backman（1974）は，共有された信念をsocial stereotypeと，個人的な信念をpersonal stereotypeと明確に区分している。本研究では，これら2つのステレオタイプを区別した上で，特に後者の社会に共有された信念である社会的ステレオタイプ（social stereotype）に焦点を当ててステレオタイプの測定を試みる。

社会的ステレオタイプは，時代が移り変わり集団の構成員が代替わりするにもかかわらず，長期間にわたって変化しないことが多くある（Stephan & Rosenfield, 1982）。Katz and Braly（1933）は，10カ国の人のイメージについて，様々な形容詞が，典型的に当てはまるか否かをたずねるという調査を行っている。その結果，どの国についても回答者の30％以上の人が選択する形容詞，即ち共有されるイメージが3～4個あることを見出している。その後1951年，1967年に同じプリンストン大学の学生を対象とした調査が行われたが（Gilbert, 1951; Karlins, Coffman, & Walters, 1969），極端にネガティブな項目の選択率は減少したものの，多くの項目が繰り返し選ばれる結果となった（表4-1参照）。

ステレオタイプや偏見が問題になるのは，それらを個人が持っていることよりも，それらが社会的に広く蔓延し，社会的な不利益が生じることである。特に，あるステレオタイプが集団内で共有されることにより，そのステレオタイプを学習する機会が増え，強化されることも多く（Stephan &

表4-1 黒人と日本人の社会的ステレオタイプの変遷

	黒人				日本人		
	1933年	1951年	1967年		1933年	1951年	1967年
迷信的	84%	41%	13%	聡明	45%	11%	20%
怠惰な	75%	31%	26%	勤勉	43%	12%	57%
無知な	38%	24%	11%	革新的	24%	2%	17%

Katz & Braly (1933), Gilbert, (1951), Karlins, et al(1969) より一部抜粋，作表。
表中の%は，全調査対象者の内，その特性を「典型的だ」と選択した人の割合である。

Rosenfield, 1982)，社会的問題となりやすい。そのため，問題の解決のためには個人がどのようなステレオタイプを持っているかということよりも，マクロな視座からの社会的ステレオタイプの研究が必要とされるだろう。

しかし，社会的ステレオタイプの研究は1970年代を境に減少していった。その理由の1つとして，社会的ステレオタイプの測定上の限界が指摘されている。つまり，社会的ステレオタイプの測定は，多くの場合 Semantic Differential 法（Osgood, 1952）のように，対象に関する形容詞群の中から評定させる方法が用いられていた。この方法では，社会的ステレオタイプの言語的側面のみを測定しており，イメージに関する部分が測定されないという問題がある。例えば，辻村・古畑・飽戸（1987）は，日本に対して世界各国が抱く（社会的）ステレオタイプについて「経済的」「エキゾチック」という形容的な側面があるだけではなく，「富士山」「芸者」などのような映像的なイメージの側面があることを指摘している。そもそも，人間は言語や理性だけで物事を把握，理解しているだけではなく，感性や情緒，イメージなど概念化できないものを発信・受信している（藤原，2005）。そのため，言語を用いた質問紙では，社会的ステレオタイプについて十分に測定しているとはいいがたい。また，近年では，社会的ステレオタイプに関して社会的表象理論（Moscovici, 1976, 1981: Moscovici & Duveen, 2000）といった立場から，マクロな視点の理論展開が行なわれているが，実証的な研究は未だ十分に行われているとはいえない（矢守，2001）。

そこで，本研究では言語を介さない手法である写真投影法（Photo Projective Method: 以下PPM）を援用しながら，大学のステレオタイプ・

共通イメージを測定し，その測定の可能性を探ることにする。

　PPM は，野田（1988）が開発した，写真による環境世界の投影的分析法のことである。略して「写真投影法」とも呼ばれている。PPM については第3章で詳述したとおりであるが，要点をまとめれば次の通りである。PPM は，これまで言語レベルでの測定によってしか知りえなかった調査対象者の視覚的世界や心理的世界を写真という視覚的データを介して垣間見ることを可能にした手法である。写真と言語という媒体を比べた場合，写真は実際の情景をありのままに再現することができる。そのため自由回答のような言語報告よりも対象を具体的に表現できることから，多くの情報が含まれているといえる。さらに写真は，言語では表現し尽くせない，もしくは言語として概念化することが困難な視覚的イメージも伝達することができるのである。

　PPM は言語を基礎とした質問紙法に比べて，調査対象者の自由度が高く，本人が言語化できない情報を測定できると考えられている。言語レベルの質問紙では，調査項目の概念を共有していることを前提に，言語的な刺激（質問）に対する反応（選択）を測定しており，感性や情緒，イメージなど，概念化できないものの測定は困難であった。しかし PPM では，それらの概念化できない対象を読み取ることが出来るといえる。また，単に言語によらないということだけでなく，シャッターを押すだけであり，特別な技術を必要としない。絵を描くことや，内面的報告を言語によって行なわせることは，調査対象者の描写能力や言語能力に依存する部分が多い。それらの方法に比べればカメラは多少のブレなど技術に左右される部分があるとはいえ，年齢や国籍を問わず，誰もが簡単に扱えるものである。

　このような PPM のメリットは社会的ステレオタイプを測定する上で特に有益だと考えられる。従来の社会的ステレオタイプの測定では SD 法が用いられることが多く，調査対象者は研究者が採択した形容詞対に反応することになる。そのため，本来ならば調査対象者の中で言語化され得ない，すなわち概念化され得なかったイメージを，半ば強制的に（概念の共有された）言語に置き換える必要がある。このように言語化のプロセスを媒介することによって，社会的に共有されたイメージは，正確に測定し得ないのである。

そこで，本研究では，PPMという手法を用いることで，所属集団に対する社会的ステレオタイプ・共有されているイメージを写真投影法で測定できないかと考えた。つまり，「所属大学らしいもの／らしくないもの」というレベルで，イメージ，ステレオタイプ，メタファー，象徴のような，幅広い内容を測定することで，通常の質問紙や面接法のレベルでは伺えしれないものをPPMによって把握できないかということである。

第2節　方法

調査対象者

関西学院大学社会学部に所属する20才から22才の学生10名（男子4名，女子6名）。

写真調査の教示

デジタルカメラ（Olympus CAMEDIA C-3040ZOOM）で「関学らしいもの」，「関学らしくないもの」を各自それぞれ3枚ずつ撮影するよう説明した。撮影後，写真毎に何を撮影し，なぜその被写体を選択したのかを自由記述で回答してもらった。

第3節　結果

表4-2は「関学らしいもの」，表4-3は「関学らしくないもの」の撮影写真の内容を分類した結果である。分類は，関学に10年以上在籍する2名の大学院生が行った。2名の分類の一致率は78%であり，χ^2検定（関学らしさ×被写体分類）を行った結果，有意な連関の傾向が認められた（$\chi^2_{(1)}=3.27$, $p<.10$）。

表4–2 「関学らしいもの」として写された対象

建築物		18
	時計台（前面の芝生も含む）	6
	図書館（周囲の風景も含む）	5
	学生会館（カフェテリアも含む）	4
	関西学院会館	1
	チャペル・ランバス礼拝堂内部	1
	校舎E号館内部	1
人間		6
	学生（お姉系，ダンスする友人バレーボールをしている学生等）	4
	交通整理をしている職員	1
	学生食堂で食事をしている外部の人	1
その他		
	木	1
	小川	1
	チャペル演題「この世を生きる」	1
	マンホール（関学ロゴ入り）	1
	分別用のごみ箱	1
	正門前の坂道	1
	計	30

表4–3 「関学らしくないもの」として写された対象

建築物	学部校舎（社，理，5号別館）	4
	校舎内部（社，法）	3
	プレハブ	1
	社会心理学研究館	1
	食堂・喫茶（パパ・ママ・ロビンフッド）	3
和風のもの	池・日本庭園	4
	竹薮	2
	椰子の木と松の木	1
その他	校舎裏側，プール入口	2
	看板	2
	理容院・ヘアーサロン	2
	ネコのいる風景	1
	自転車・バイク	1
	図書館書架	1
	人間（S君）	1
	生協前	1
	計	30

1) 関学らしいもの

「関学らしいもの」とは，主に時計台，図書館，学生会館といった，建築環境から構成されており，全ての写真の60%の比率を占めている。これらの建物はランドマークとして目につきやすい，美しい建物であると同時に，学生が日常生活で利用する施設でもある。写真4-1は代表的写真の時計台である。学生のコメントが端的にそれを示している。「時計台と中芝。言わずもがな，の関学といえばこれ!! パンフレットにも載っている，関学の象徴という感じがする」。図書館についても似たコメントがなされている。「川と図書館と白いオブジェ『綺麗な景観＝関学らしい』というイメージなので，この風景は関学らしいかな，と」（写真4-2）。

写真4-1　時計台　　　　写真4-2　小川と図書館

物理的環境・モノが関学らしさの典型のようだが，人間・ヒトも登場しないわけではない。その割合は20%である。その中では学生が登場する割合が高いのは当然だが，その他は交通整理の職員，学内食堂で食事をしている外部の人等である。ただ人間というカテゴリで共通はしているが，写真の内容は多種多様である。テーブルを挟んで二人の女子学生を撮った写真で「関学のイメージ。いわゆる『お姉系』が多い」。おどけて踊っている友人の写真で「友人でダンスをやっているＮ君は関学生っぽいと思った」。学生以外

では「他大学の学生食堂では非組合員は組合価格で食べられないことが多いにもかかわらず，関西学院大学では『Mastery For Service』のモットーを大事にしているせいか，こういう近所のおじさんがよくいるから」。

以上の写真は多くの調査対象者が撮影しており，いわば集合レベルの反応といえるだろう。

次に，個人レベルで興味深い写真を取り上げてみよう。ここで個人レベルの写真とはKJ法によっていずれのカテゴリにも分類されなかった写真のことである。チャペル演題を写したものが一つだけあるが，スクールモットーである「Mastery For Service」に直接に焦点をあて写したものはない（写真4-3）。コメント文は「ほかの大学にこんな看板はないと思ったから，関学らしい」。

また「正門前の坂道」である（写真4-4）。彼女のコメント文は「関学へと続く坂道。春夏秋冬，それぞれの顔で迎えてくれる並木道。行きは『やっとついたぁ』，帰りは『1日が終わったぁ』ということで，関学の象徴」。彼女は自宅通学生で，大学から自宅までの距離が極めて遠く，毎日片道二時間以上かけて通学している。大学にたどり着くまでのしんどさがコメント文によく表現されている。帰りは帰りで自宅までの長い距離が待っている。きわめて個人的な心象風景がこの写真に映されている。面白いのは，時計台を背に，カメラの視線は自宅へ帰る方向を目指している。彼女にとってこの時が安堵の瞬間かもしれない。

写真4-3　チャペル演題　　　　写真4-4　正門前の坂道

2) 関学らしくないもの

一方「関学らしくないもの」は，反応のバラツキが見られる。その中で比較的多いのは，スパニッシュ・スタイルではない校舎，建物の裏側，プレハブ等の建物である（写真4-5〜4-7）。コメント文では「スペイン風の校舎とかけ離れた，元理学部校舎。コンクリートの黒ずんだところがさらに『綺麗』なイメージの関学とは異なる」。学内の理容院のコメント文は「おしゃれであることを意識し，かっこつけがちな関学生がこの『ヘアーサロン』に行くことは考えづらく，おしゃれでもないから」。

写真4-5　旧理学部棟

写真4-6　日本庭園

写真4-7　竹藪

その他，きたない，貧乏っぽい食堂，ダサク，きたない喫茶店，暗い校舎内部，乱雑に置かれた自転車・バイクで，ここでは「きれいでない」ものが「関学らしくないもの」の大多数を占めている。

　また日本庭園，池，竹薮といった自然環境は23%で，撮影理由としては，洋風の関学とは異なった，和風の風景だから不釣り合いと答えている。「キリスト教の学校になぜか存在する日本庭園。とってつけた感じのするところが異様で関学らしくない」「竹薮は，かぐや姫が出てきそうで，洋風な関学とはあわない」。

　次は「Ｓ君」である。彼の友人が撮ったものである。コメント文は「関学のイメージとしての『さわやか』『金持ち』『遊び』のすべてに当てはまらないから」。彼は中等部から関西学院に通っており，この年度で9年目の在籍になる。典型的な関学ボーイのはずだが，友人の目からすると，Ｓ君はそうは映らないらしい。

第4節　考察

　まず集合レベルの反応から考察を行う。写真投影法によって測定された「関学らしいもの」の中核イメージは，きれいな景観によって構成されているようである。その典型的な建物は，甲山を背景とした時計台と芝生であり，所属集団成員はいつも正門あるいは桜並木の坂道からでも絵はがきのような風景が堪能できる。それに対して，「関学らしくないもの」とは，こうしたイメージに反するもの，つまり，きれいな景観ではないもの，あるいはそれに反するものになるようである。換言すれば，光とは反する影の部分，きたない，暗いものに注目がいくようである。

　また，関西学院大学の大部分の建物がスパニッシュ・スタイルで構成されている。そのことから大部分の成員には関学＝洋風というイメージが抱かれている。そうした風景に対して，和風の風景はマッチしない，だから関学らしくないというイメージの帰結があるように思われる。それを図示すると図4-1のように纏められる。

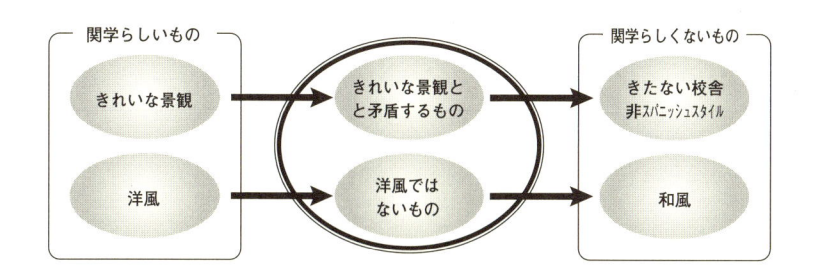

図4-1　集合的反応の構図

　本研究で明らかになった関西学院大学のステレオタイプをまとめると図4-2のようになる。縦軸は集合レベル－個人レベルの軸で構成され，集合レベルは斉一的，平均的反応より成り，成員に共通して抱かれている認知的な成分を示している。個人レベルは独自的，非平均的反応よりなり，成員独特の見方を表している。横軸は適合的（集団らしいもの）－非適合的（集団らしくないもの）で構成されている。直交座標軸から4つのパターンが存在する。円の大きさは，その共有の程度の相対的な大きさ，想起可能性，概念アクセシビリティ，イメージビリティのようなものを示している。
　このように，本研究で知ろうとした個人レベルでのステレオタイプと，集合レベルの社会的ステレオタイプを測定できているといえよう。しかも，言語報告によらない方法で測定しているため，言語を基礎とした質問紙法に比べて調査対象者の自由度が高く，本人が言語化できない情報を含んでいる。また，言語化できない情報を含むという意味では，絵画投影法も同様の手法である。しかし，写真投影法は絵画投影法に比べ，シャッターを押すだけというカメラの利便性が手伝って，調査対象者が日常生活の中で即時的に記録することができ，精神的負担が小さく，メリットとなっている。
　次に写真投影法の展望について述べる。それは社会的アイデンティティ（Tajfel, 1972）への拡張である。本研究では，社会的ステレオタイプを測定するために，教示として「～らしいもの」を撮影するように求めた。ここで測定されている内容は，社会的アイデンティティ（Tajfel, 1972）の一側面

を捉えているともいえる。社会的アイデンティティは，言語的なレベルでは，いくつか測定尺度が開発されているが，十分なものは現存しない。従来の研究では主に「好きなもの」という態度の感情的成分を測定しているが，本研究では社会的アイデンティティの認知的成分を測定しているともいえる。つまり，「所属大学らしいもの」というレベルで，イメージ，ステレオタイプ，メタファー，象徴のような，幅広い内容を測定することで，その背後にある，集団に所属していることの誇り・自慢・社会的威信・肯定的評価といった側面が写真に投影されているといえよう。また，教示を「好きなもの・大切なもの」と表現を変えることで，感情的成分を測定することも可能であろう。

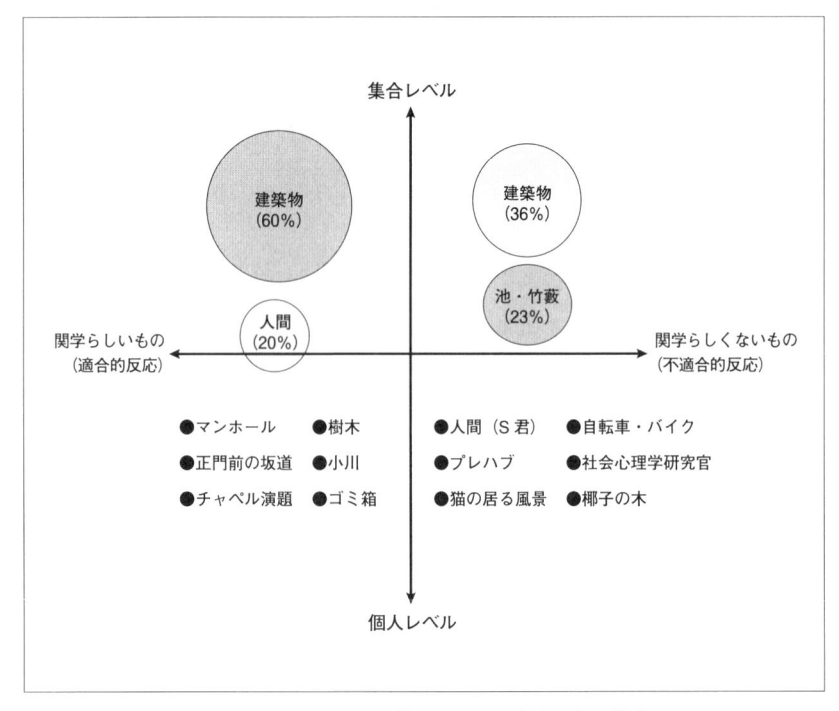

図4-2 ステレオタイプとしての関西学院大学の構造

たとえば，植村（1996）はこの手法を高齢期夫婦に適用している。そして高齢期夫婦のパートナーシップが日常生活に影響していることを明らかにしている。具体的には「あなたにとって大切なもの5枚と，あなたのふだんの生活（あなたがなにかしているところ）17枚を1週間の間で撮ってください。1日に何枚撮ってもかまいませんが，撮影するものについて配偶者に相談しないこと，24枚全部撮りきることが条件です。」という教示で，65歳以上の健康に支障のない，夫婦世帯のペアー43組を調査協力者とした。パートナーシップの有無は，「あなたにとって大切なもの5枚」の中に配偶者が写されているか否かにより操作的に測定された。

　その結果，パートナーシップのある夫の場合には，妻への愛情に留まらず，家族，さらには近隣の人々への親和的動機づけが強い，パートナーシップのある妻の場合には，夫への愛情が，共同行為としてのコンパニオンシップにも及び，健康・くつろぎ・信仰などの面での協同的行動を伴っていることを植村（1996）は見出している。一方，パートナーシップの無い夫の場合は，生きがいを趣味・娯楽に置き，家族との生活へのこだわりといったものをあまりもたず，自己中心的な生活態度で，近隣との繋がりもない，パートナーシップが無い妻の場合には，夫との情緒的結合に乏しく家族を含む人間全般への関心が薄く，その補償的適応を人間以外の生き物（動植物）との交流に求めている。

　以上のように，教示を変えることで対象に対する愛着といったものが測定されることから，社会的アイデンティティの測定へ応用することも可能であろう。次章では社会的アイデンティティの測定を試みる。

第5章

写真投影法による所属大学への社会的アイデンティティの測定

第1節　問題

　第4章では，写真投影法（Photo Projective Method: 以下PPM）を応用することで所属大学に対する社会的ステレオタイプの測定を試みた。本章ではPPMを用いて社会的アイデンティティ（Tajfel, 1972）の測定を試みる。さらに言語を基礎とした社会的アイデンティティ尺度とPPMとの対応関係を検討することで，PPMの妥当性について検討する。

1) 写真投影法による場所への愛着の測定

　写真投影法（Photo Projective Method: PPM）については第3章で詳述したとおりだが，要点をまとめれば次の通りである。PPMは，これまで言語レベルでの測定によってしか知りえなかった調査対象者の視覚的世界や心理的世界を写真という視覚的データを介して垣間見ることを可能にした手法である。写真と言語という媒体を比べた場合，写真は実際の情景をありのままに再現することができる。そのため自由回答のような言語報告よりも対象を具体的に表現できることから，多くの情報が含まれているといえる。さらに写真は，言語では表現し尽くせない，もしくは言語として概念化することが困難な視覚的イメージも伝達することができるのである。

　大学生を対象に行われたZiller and Lewis（1981）の研究によれば，撮影された写真には，学生たちのアイデンティティに関わる重要なものが反映さ

れていた。このことを踏まえ Dabbs（1982）は，例えば「自分の所属する組織がどのようなものであるのか」というように撮影の際の教示を変更することで，組織・集団に所属することの重要性を測定することが可能だと述べている。さらに Ziller（1990, 2000）は，自己を知るきっかけとしても PPM を用いており，個人の環境に対する志向性（orientation），すなわち環境内の何に関心を向けているのかを知ることが出来ると指摘している。

　このように PPM を用いることで，人が景観や環境をどのように認識しているのかといった点だけでなく，人が環境をいかに意味づけ，その環境の中でどのように暮らしているのかといった人と環境の関わり方をうかがい知ることができる。

　そもそも環境と人との関わりについて，ある土地に長く住むほど定住意識が高まるという研究は多い（早川・塩崎・谷本・鈴木・小出, 1982; 下村・増田・安部・山本・山口, 1994; 高橋, 1991 など）。例えば高橋（1991）は，高齢になるほど自分の住み慣れた地域に住み続けたいという欲求が高まることを指摘している。長く生活することによって，定住場所は個人にとって特別な意味をもつようになるようである。換言すれば，我々は日常的な生活領域である家や近隣地域といった場所に対して，これまで経験してきたことの記憶，重要な他者との思い出，社会的な関係といった個人的な意味を結び付けているのである。

　このような場所へのアイデンティティを，個人が生活を送る物理的世界についての認知から成る自己アイデンティティの下部構造として，Proshansky, Fabian, and Kaminoff（1983）は定義している。また，Relph（1976）は，このような場所アイデンティティの形成には，道路や建物といった物理的要素，他者との社会的相互作用，その場所に関連した意味やシンボルといった3つの要素の相互関連性が必要であると述べている。その中でも，特に場所に関連した意味やシンボルは，人々に共有されている価値の表現であり，その場所への帰属意識を提供する重要な要因であると述べている（Relph, 1976）。また，Twigger-Ross and Uzzell（1996）は，場所への同一化は，その地域から定義されるような集団の成員であることの表明であり，場所が社会的カテゴリとして機能することを指摘している。これらの研究で指摘され

ているように，場所への愛着は，人と環境をポジティブに結びつける重要なものだといえる（Low & Altman, 1992）。つまり，集団成員と共有されるような土地や空間，集団との結びつきを意識させる土地や空間は，社会的アイデンティティの一部として機能する重要な要因と考えられる。

そこで本研究では，大学生を対象に，所属大学から獲得される社会的アイデンティティについて検討することにした。一般に，大学という集団は個人の自尊心を支え，継続的なアイデンティティの基盤となるなど，生涯にわたって重要な影響を与える。上記の調査研究を踏まえれば，大学キャンパスという場所で撮影された写真には，成員間で共有される価値観や，所属大学の成員として獲得される社会的アイデンティティが投影される可能性があると考えられる。第4章からも示唆されるように，PPMにより大学キャンパスで撮影された写真には，大学生の集団に所属していることの誇り・自慢・社会的威信・肯定的評価といった側面が写真に投影されるといえるだろう。

しかし，PPMについて，分析や結果の解釈について2つの問題を指摘することができる。1点目は，データの分析が質的な分析に留まっている点である。PPMを用いた研究の主眼は，そもそも，個人に焦点を当て，写真に投影された環境と個人の関わりを探るという点にあった。そのため，得られたデータを計量的に扱うことに主眼がおかれてこなかった。PPMを用いた多くの研究は撮影対象についてKJ法（川喜田, 1986）を実施し，そのカテゴリを元にしたクロス集計を行うなどに留まっており，統計的分析を行ったものは数少ない。第4章で行われた研究も同様の手法を用いていた。例外的に，奥・深町（1995），上山・土肥（1996），小島・古賀・宗方・平手（2002）が，写真撮影の際に，被写体に対する好き嫌いの評価や，撮影時のコメントをさせるキャプション評価法を実施し，そのデータを元にクラスター分析や多次元尺度（MDS）を行っている。しかしこれらの研究のように数量化や多変量解析を試みた研究はごく一部に限られている。

2点目は妥当性の問題である。PPMを用いた研究の多くは，研究者が撮影された写真を見て，そこに投影された意味を解釈することがほとんどである。そのため，読み手の主観が結果の解釈に入り込む可能性がある。解釈の妥当性確保のため，PPMの実施と共に，調査対象者に認知マップを描かせ

ることや（寺本・大西, 1995 など），撮影対象に関する記述を求めることによって（久・鳴海, 1992 など），PPM の妥当性確保を試みている研究は多い。しかし，その他の尺度との対応関係を検討するなど客観的な指標との関連から妥当性を議論したものは少ない。唯一の例外は植村（1993）の研究で，中学生を対象として孤独感尺度と PPM との関係を分析している。このように PPM によって測定された概念が，十分な妥当性を確保するためには，その他の尺度などとの相関関係についても実証的な研究が蓄積される必要があるだろう。

　PPM におけるこれらの問題点を解決するため，本研究では調査対象者に撮影対象についての記述を求め，テキストマイニング手法の1つである対応分析を行う。対応分析は，撮影対象の出現数をもとにした共変性を求めることで，質的データの数量的な分析が可能であるため，本研究に適切であると考えた。また，妥当性の確認のため，言語レベルによる社会的アイデンティティ尺度と PPM の結果との対応関係についての検討を行う。

2) 社会的アイデンティティを構成している概念

　社会的アイデンティティの尺度化・測定に関しては，言語的なレベルによる測定尺度がいくつか開発されている（Abrams, Ando, & Hinkle, 1998; 加藤・小杉・岡本・野波, 2001; Karasawa, 1991; Hinkle, Taylor, Fox-Cardamone, & Crook, 1989; Luhtanen & Crocker, 1992; 渡辺, 1994 など）。Tajfel（1972）は社会的アイデンティティを，ある集団に属することによって獲得される自己概念の一部であり，同時にその集団の成員としての感情や価値観をともなうものであると定義している。しかし，研究者によって，社会的アイデンティティに含まれる下位概念は多様で，その根本的な要素が明確になっているとは言い難い（Deaux, 1996; Tropp & Wright, 2001）。

　例えば，Hinkle et al.（1989）は大学生を対象に調査を行い，集団への同一化には，メンバーシップの知識などの認知的次元，メンバーシップへの価値などの情緒的次元，そして個人・集団の相互依存という3つの次元があることを確証している。だが Karasawa（1991）は，大学生を対象に調査を行

い，因子分析を行った結果，情緒的次元と認知的な次元は区別されず，メンバーシップに対する結びつきの次元とメンバーに対する結びつきの次元という2次元構造になることを指摘している。この結果について，Karasawa (1991) が下位尺度項目の不足などの問題点を指摘している。これらのことからも社会的アイデンティティ尺度はいまだに十分なものだとはいえず，下位因子については再検討する必要がある。

また，社会的アイデンティティ理論が焦点を当てている集団は，民族・階級・職業・性といった社会的カテゴリとしての集団であり，認知的にカテゴリ化することが可能な抽象的な対象であった。しかし，我々の所属する集団は，ジェンダーや人種，階級，年齢（世代）といった，抽象性の高い集団だけではない。本研究で扱う大学という集団のように，具体的でかつ限定された空間内でメンバーが相互作用や活動を行う集団も存在する。例を挙げれば会社，家族，地域社会といった集団である。これらの集団は，先述したジェダー，人種，階級といった集団にくらべ相対的に小さく，集団としての連帯を持つことの出来る集団といえる。更に場所や空間を一時的だが共有する。こういった集団への所属から獲得される社会的アイデンティティについて研究する場合には，そこで行われる活動や，場所，空間，景観との関わりについても，社会的アイデンティティの構成要素として含められ，かつ測定される必要があるように思われる。

コミュニティ心理学の領域では，社会的アイデンティティに類似した概念の研究として，コミュニティ感覚（sense of community）という概念が研究されている（Glynn, 1981; McMillan, & Chavis, 1986; Duffy, & Wong, 1996 など）。コミュニティ感覚は「コミュニティへの所属感（sense of belonging in the community）」と呼ばれるものと互換性があり，ある個人が自分のコミュニティに対して持っている関係の感情である（Duffy & Wong, 1996）。具体的には，次の4つの要素を含むと考えられている。(1) 所属の感覚や私的なつながりを持っているという感覚の「メンバーシップ」。(2) 集団の中で差異を持って役に立っているという感覚である「影響力」。(3) 集団に所属することで得られるものがあるという感覚の「統合と欲求の達成」。(4) メンバーがコミットメント，信念，歴史，場所，時間，経験を共有している

という感覚の「共有された情緒的結合」である（McMillan & Chavis, 1986）。これらコミュニティ感覚の要素と社会的アイデンティティとの類似点を考察すると，(1)はメンバーシップ知識などの認知次元（Hinkle et al., 1989）に，(2)は個人・集団の相互依存（Hinkle, et al., 1989）に対応し，(3)は集団の成員としての価値感（Tajfel, 1972）に対応しているといえる。つまり，コミュニティ感覚とは，地域という社会集団から獲得される社会的アイデンティティの1つだとも考えることができるだろう。

このようなコミュニティ感覚についても今まで測定が試みられてきた（石盛, 2004; Kosugi, Kato, & Fujihara, 2003; 田中・藤本・植村, 1978; Pretty, Chipuer, & Bramston, 2003 など）。たとえば，田中他（1978）は，コミュニティ感覚として地域活動への関わり方が，積極的なものであるか否かという「積極性－消極性」という次元と，地域社会の成員としての自覚に基づいて地域社会という全体的な集合を重視するか否かに関する「協同志向－個別志向」という2つの次元を見出している。また，石盛（2004）は，地域への誇りや愛着の有無に関する「愛着因子」や地域のためには自分自身が決定を行うべきだという「自己決定因子」などに加え，積極的に地域のメンバーと協力し地域のために活動するという「連帯・積極性因子」を指摘している。

これらの研究はいずれも，「地域と積極的に関わろう」，「地域に貢献するよう働きかけたい」という行動意図が，コミュニティ感覚の主要な要素であることを示している。しかし，このような地域集団へのコミットメントについては，抽象性の高い集団を前提に作成されている従来の社会的アイデンティティ尺度には，反映されていなかった。以上のことから社会的アイデンティティ尺度には，地域集団との積極的かかわり，行動意図に関する項目も含まれるべきであると考えられる。

そこで，研究1では，Karasawa（1991），Hinkle et al.（1989）の社会的アイデンティティ尺度やコミュニティ感覚に関するこれまでの研究を参考に，集団の活動への積極的関わり，行動意図を加えた新しい社会的アイデンティティ尺度の作成を試みる。研究2では，PPMによって所属大学への社会的アイデンティティの測定を試み，研究1で作成された言語的反応に基づく社会的アイデンティティ尺度との対応関係について検討する。

第2節　研究1：新社会的アイデンティティ尺度の作成

1）方法

調査対象者

関西・東海地方の大学生210名（男性52名・女性158名）。平均年齢は20.31才（SD=3.45）である。

質問項目

Karasawa（1991），Hinkle et al.（1989），Tropp and Wright（2001），田中ら（1978），石盛（2004）を参考に認知的所属意識・情緒的所属意識・メンバーとのつながり・集団活動への行動意図からなる32項目の質問紙を作成した。認知的所属意識を尋ねる項目は，「○○大学に対する所属意識は高いほうである」「私は，○○大学に所属していることをよく意識する」など8項目。情緒的所属意識を尋ねる項目は，「私は，○○大学の学生であることを誇らしく感じている」「私は○○大学に愛着を持っている」など7項目。メンバーとのつながりに関する項目は，「私は，○○大学の人たちが好きだ」「○○大学の学生は，良い人が多いと思う」など8項目。活動への行動意図を尋ねる項目は，田中ら（1978），石盛（2004）の積極性・行動に関する項目を参考に，大学での活動に適した内容に改めた項目として「大学の行事には積極的に参加したい」「大学が発行する出版物にはしっかりと目を通す」「スポーツで，○○大学のチームが出場していたら，応援したい」「大学の同窓会などがあったら，積極的に出席したいと思う」など9項目を採用した。それぞれの問いに対して「1. 全く当てはまらない」から「5. 大変よく当てはまる」の5件法で尋ねた。

2）結果と考察

表5-1は，得られたデータに因子分析（最尤法・プロマックス回転）を行っ

た結果である．共通性が 0.30 未満の項目を除外したうえで，固有値 1.0 以上を基準とし，因子負荷量の最大絶対値が 0.30 未満であった項目を除いた結果，19 項目で 4 因子が抽出された．第 1 因子は「強い結びつきを感じている」「所属することを意識する」という項目への負荷が高いことから「集団所属意識」と命名した．第 2 因子は「私は，〇〇大学の人たちが好きだ」「〇〇大学の学生は，良い人が多いと思う」といったメンバーに対する愛着に関する項目への負荷が高いことから，「メンバー親近感」と命名した．第 3 因子は，所属集団の誇らしさや，所属への喜びに関連した項目への負荷が高いことから「集団的威信」と命名した．第 4 因子は，自分の大学を応援するなど行動的な側面に関する項目への負荷が高いことから，「集団への行動意図」と命名した．

　各因子のクロンバックの信頼性係数 α は集団所属意識（5 項目）が $\alpha=.83$，メンバー親近感（5 項目）が $\alpha=.83$，集団的威信（6 項目）が $\alpha=.90$，集団への行動意図が $\alpha=.66$ であった．集団所属意識，メンバー親近感，集団的威信の 3 因子については，信頼性係数が十分に高いが，集団への行動意図因子については，やや信頼性係数が低い．これは，項目が 3 項目と少ないことに加え，「〜ならば」という場面想定をしたうえでの行動意図を尋ねていることが原因であろう．また，I–T 相関分析の結果，いずれの項目も高い相関を示し（2 項目を除いて $r>.50$），十分な識別力があるといえる．

　各因子の従来の研究との対応は次の通りである．集団所属意識は，Karasawa（1991）の集団に対する結びつき因子の項目，及び Hinkle et al.（1989）の集団成員性の知識に関する項目から構成されており，メンバー親近感は Karasawa（1991）の集団成員に対する結びつきの因子に対応しており，集団的威信は Hinkle et al.（1989）の情緒的次元の項目と Karasawa（1991）の集団成員性への結びつき因子の中の情緒的な側面の項目を中心に構成されていた．Karasawa（1991）では，下位項目の少なさから Hinkle et al.（1989）の指摘する情緒的・認知的次元が明確に抽出されなかったことを指摘しているが，本研究では，それらが抽出された．また，集団的威信は情緒的次元の中でも，誇らしさなど他の集団と比較を背景とした内容から構成されており，集団的威信とした．Tajfel and Turner（1979）が，社会的比

表5-1　社会的アイデンティティ尺度の因子分析の結果

	F1	F2	F3	F4	h^2	I-T相関
F1：集団所属意識： α = .83						
私は,○○大学に強い結びつきを感じている	**0.95**	0.14	−0.12	−0.10	0.76	0.68
私は,○○大学に所属していることをよく意識する	**0.66**	−0.07	−0.01	0.04	0.42	0.50
私は,○○大学に思い入れがある	**0.59**	−0.1	0.14	0.23	0.65	0.70
○○大学に対する,あなたの所属意識は強いほうですか,弱いほうですか	**0.59**	0.07	0.15	−0.11	0.45	0.57
「自分は○○大学の人間なんだなあ」と実感することがありますか	**0.56**	0.03	−0.03	0.03	0.33	0.49
F2：メンバー親近感： α = .83						
私は,○○大学の人たちが好きだ	−0.16	**0.77**	0.03	0.26	0.81	0.65
○○大学の学生は,良い人が多いと思う	0.00	**0.75**	0.09	−0.08	0.57	0.56
あなたは,○○大学の他の学生が好きですか	0.16	**0.56**	−0.11	0.11	0.44	0.54
○○大学の学生と,学外では関わりたくない	−0.01	**−0.56**	−0.07	−0.03	0.38	0.50
あなたは,他の○○大学の学生に,どの程度親近感を感じますか	0.21	**0.52**	0.09	−0.05	0.45	0.59
F3：集団的威信： α = .90						
私は,○○大学の学生であることを誇らしく感じている	0.10	0.05	**0.92**	−0.16	0.84	0.77
あなたは,○○大学を誇りに思いますか	0.07	−0.04	**0.90**	−0.09	0.76	0.72
○○大学の学生であることをうれしく思う	0.04	0.09	**0.68**	0.08	0.69	0.76
私は,○○大学に所属していることをよく後悔する	0.2	−0.17	**−0.67**	−0.04	0.45	0.55
私は,○○大学に愛着を持っている	0.22	−0.12	**0.44**	0.38	0.73	0.77
将来,自分の子供を○○大学に入れたいと思う	0.16	−0.08	**0.37**	0.17	0.34	0.54
F4：集団への行動意図： α = .66						
スポーツで,○○大学のチームが出場していたら,応援したい	−0.03	0.13	−0.03	**0.59**	0.41	0.51
大学の同窓会などがあったら,積極的に出席したいと思う	−0.01	0.12	−0.05	**0.52**	0.31	0.45
選挙で,○○大学卒の立候補者が出たら,その人に投票したい	0.09	0.1	−0.01	**0.44**	0.32	0.54

因子間相関	F1	F2	F3	F4
F1		0.44	0.71	0.61
F2			0.57	0.63
F3				0.68

較を通して得られる評価が社会的アイデンティティの重要な成分と述べていることからも、社会的アイデンティティの下位概念としての因子的妥当性は高いといえよう。また、集団所属意識と集団的威信は、因子間相関が $r=.71$ と非常に高かった。社会的アイデンティティの認知的側面と情緒的側面については、Hinkle et al.（1989）でも $r=.51$ と高く、Karasawa（1991）では1次元構造であった。これらをふまえれば、Tajfel（1978）の仮定するように、2つの下位概念は理論的には分離されうるのであろうが、その概念を測定するにはより精緻化した質問項目を用いる必要があるだろう。

集団への行動意図については、コミュニティ感覚の積極的関わりに関する項目から作成されているが、9項目のうち6項目が共通性の低さから除外された。これは大学という集団が、地域に比べて短期的にしか所属しない集団であることに原因があると考えられる。つまり、4年間と限られた年数で卒業する大学に対しては、行動を通して得られるコミットメントは低かったためだと考えられる。項目としても、最終的に残った3項目は、現在の行動内容よりもこれからのことについての項目が中心となった。

表5-2は性別ごとの社会的アイデンティティの下位尺度の得点および SD である。性別を要因とする t 検定を行ったところ、いずれの下位尺度についても有意差は認められず（集団所属意識；$t_{(198)}=1.30$、メンバー親近感；$t_{(198)}=1.32$、集団的威信；$t_{(198)}=1.15$、集団への行動意図；$t_{(198)}=0.51$ いずれも $n.s.$）、尺度の汎用性があるといえる。

表5-2　男女ごとの社会的アイデンティティの平均値と SD

	男性	女性	全体
	$Mean$ (SD)	$Mean$ (SD)	$Mean$ (SD)
F1：集団所属意識	2.75 (0.78)	2.92 (0.86)	2.99 (0.74)
F2：メンバー親近感	3.45 (0.70)	3.59 (0.66)	3.68 (0.62)
F3：集団的威信	3.14 (0.76)	3.28 (0.80)	3.37 (0.98)
F4：集団への行動意図	3.31 (0.97)	3.24 (0.81)	3.44 (0.80)

第3節　研究2：写真投影法の実施と新社会的アイデンティティ尺度との対応関係

1)　方法

　調査対象者：私立大学の KG 大学社会学部生 30 名（男性 11 名・女性 19 名）。私立大学の KU 大学社会学部生 20 名（男性 7 名・女性 13 名）。文系私立大学の RK 大学産業サービス学部生 25 名（男性 11 名・女性 14 名）。文系私立大学の AS 大学現代社会学部生 21 名（男性 3 名・女性 18 名）。全大学の平均年齢は 19.99 才（$SD=2.39$）である。

　写真調査の教示：レンズ付きフィルム（Fujifilm 写るんです Flash27 枚撮り [Simple Eye 800　FUJIFILM]）を渡し，「○○大学（各所属大学名）での 1 週間をこのカメラで撮影してください」と教示を与えた。撮影枚数については，出来るだけ多く撮影して欲しいが，27 枚撮りきる必要はないと教示した。また，撮影している対象が何であるかを明確にさせるため，写真ごとに，「何（を行っているところ）を撮影したのか」「その時にどのような感情を持ったのか」について記述するよう求めた。なお，調査終了後に各自が撮影した写真を現像して，調査協力の謝礼として手渡した。

　また，社会的アイデンティティと撮影対象との関連性について検討するため，研究 1 で作成した新社会的アイデンティティ尺度を用い，5 段階評定（得点が高いほど，社会的アイデンティティが高い）で回答を求めた。

2)　結果と考察

　大学ごとの撮影枚数は，KG は $M=8.57$（$SD=6.09$），KU は $M=22.50$（5.29），RK は $M=10.20$（$SD=5.10$），AS は $M=10.57$（$SD=5.44$）であった。撮影枚数について，大学を要因とする分散分析を行ったところ有意な差が認められたため（$F_{(3,92)}=29.04, p<.01$），Tukey の多重比較を実施した。その結果，KU が他の 3 つの大学よりも有意に多く撮影をしていた（$MSe=30.67, p<.05$）。これは，KU のみ授業カリキュラムの関係上，回収が 1 週間伸びて

2週間になってしまったことが影響していると考えられる。

また，大学ごとの社会的アイデンティティの平均値及び SD は表5-3の通りである。大学を要因とする分散分析を行ったところ，集団所属意識に主効果が認められる傾向があり（$F_{(3,91)}=2.66, p<.10$），集団的威信に主効果が認められた（$F_{(3,91)}=6.33, p<.05$）。集団所属意識・集団的威信に対して Tukey の多重比較を実施したところ，集団所属意識についてはいずれの間にも有意な差は認められず，集団的威信においては RK が他の3つの大学よりも有意に低かった（$MSe=30.67, p<.05$）。

表5-3　大学ごとの社会的アイデンティティ下位因子の平均とSD

	KG Mean (SD)	KU Mean (SD)	RK Mean (SD)	AS Mean (SD)	全体 Mean (SD)
F1：集団所属意識	3.15 (0.72)	2.94 (0.75)	2.65 (0.87)	3.22 (0.75)	2.99 (0.74)†
F2：メンバー親近感	3.66 (0.58)	3.86 (0.46)	3.64 (0.74)	3.57 (0.72)	3.68 (0.62)
F3：集団的威信	3.56 (0.70)	3.51 (0.39)	2.83 (0.93)	3.61 (0.70)	3.37 (0.98)*
F4：集団への行動意図	3.41 (0.74)	3.37 (0.62)	3.39 (0.98)	3.59 (0.80)	3.44 (0.80)

* ：$p<.05$　† ：$p<.10$

調査対象者が記した撮影対象の記述をもとに，テキスト・マイニングの手順（岡本, 2005）に従い，Word Miner 1.130（日本電子計算株式会社）を用いて対応分析を行った。分析の対象は名詞のみとし，抽象度が高いことや，撮影の状態そのものを表した語句であることから5-4の語句を削除した。また表5-5の語句はいずれも同じ被写体であることから置換処理を行った。その後，頻度が5以下の語句は，個別的な反応であると考えられることから，分析の対象外とした[1]。その結果，分析に用いられた語句は65種類1235語となった。これらの語句を元に所属大学との対応分析を行い，座標を布置し

---

[1] 一般に、各セルの頻度が5以下の場合、何らかの補正を行うことが多い。そのため、本研究では頻度5を基準にした。

たものが図5-1である。近くに布置された被写体や大学名の間には強い関連があり，遠くに布置されたもの同士の関連は弱いことを意味している。各軸の固有値は第1軸が0.38，第2軸が0.37であった。

表5-4 削除された語句

撮影	下
時間	時
向う	場所
再び	風景
後	写真
前	景色
下宿	カメラ
中	鍋パーティ
ｉｎ	途中
横	終了
外	人

表5-5 置換された語句

置換前	置換後	置換前	置換後
○○教室 ○○室	→教室	プレゼン プレゼンテーション	→発表
○○号館 ○○号棟 ○○別館	→校舎	○○教授 ○○講師 ○○助教授	→先生
○○さん ○○くん ○○ちゃん お友達	→友達	昼休けい お昼休み	→昼休み
		部屋	→部室
		お弁当	→弁当
社前 社会学部 商学部 社学	→所属学部	モス	→モスバーガー
		ツリー	→クリスマスツリー
		お昼ご飯	→昼ご飯
		鍋パ	→鍋パーティ
情処 情セン	→情報処理センター	お買い物	→買い物
		コミホ	→コミュニケーションホール
チア チアバック	→チアリーダー	パソコン	→コンピュータ
		自販機	→自動販売機

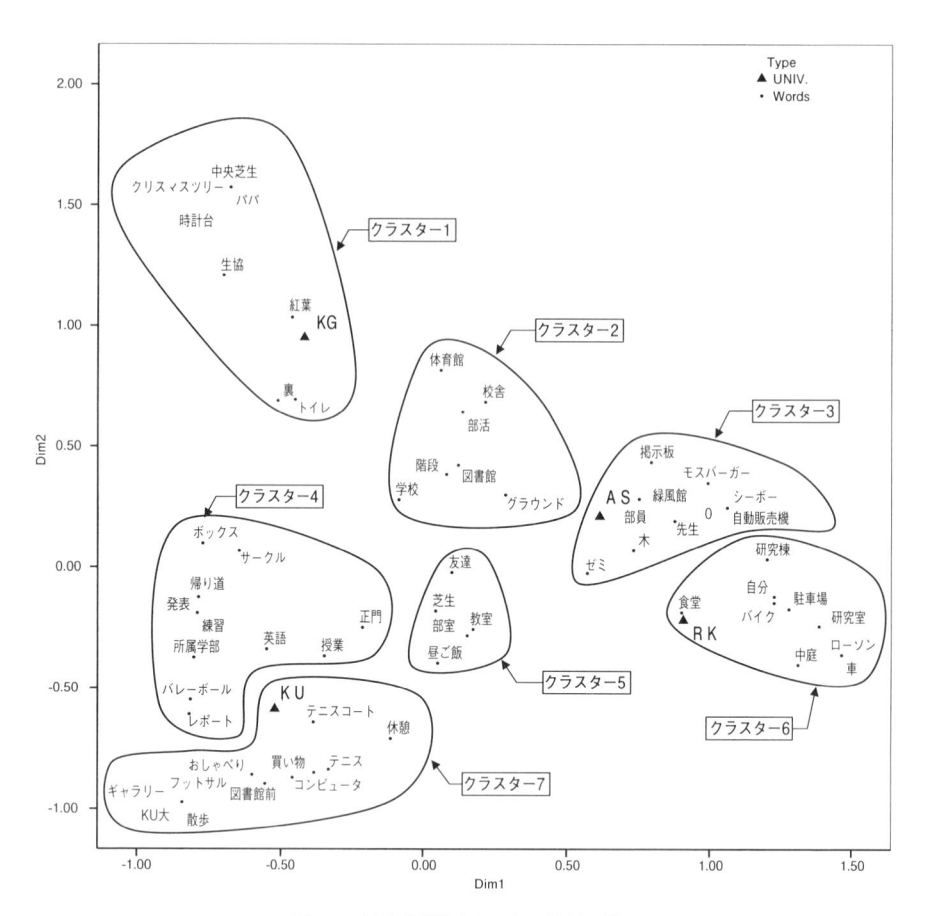

92　第2部　非言語的方法による集団間関係の測定

図5-1　対応分析とクラスター分析の結果

　図5-1の円は対応分析によって求められた座標を元にクラスター分析（Ward法）を行い，その結果から7つのクラスターを採用したものである。クラスター1は，KGを特徴付ける紅葉・生協・中央芝生・パパ（食堂）などから構成されている。クラスター2は，体育館・校舎・部活など一般的な大学の施設から構成されている。クラスター3は，モスバーガーやシーボー（食堂）などASに関連するものから構成されている。クラスター4は，ボッ

クス・サークル・練習など，活動に関するものから構成されている。クラスター5は，友達・芝生・教室などである。クラスター6は，ローソン・中庭などRKを特徴付けるものから構成されている。クラスター7はKUおよび，コンピュータなどから構成されている。

　各大学を含んだクラスターは各次元の極に近い所に布置されていることから，「大学での生活」という教示に対して，一般的な意味での大学生ではなく，○○大学の学生としての生活が存在していると解釈できる。RKやASが比較的近くに布置されているのは，これら2つの大学が規模や特徴の類似点が多いことによるのであろう。AS・RKの両大学は学生数5千人前後の大学であり，いわゆる新興住宅街の中に，広い敷地と近代的な様式で建築されている。

　それに対して，クラスター2やクラスター5などのように原点付近に布置されたクラスターは，「図書館」「グラウンド」「友達」「芝生」「教室」「昼ご飯」といった一般的な意味での大学での生活を意味する被写体である。これら2つのクラスターは，どのような大学に所属していようとも撮影されうる対象であり，各大学に固有の被写体ではない。これらのクラスターは原点付近，すなわちいずれの大学カテゴリからも比較的等距離に布置されており，いずれの大学でも共有される最大公約数的な大学のイメージだといえる。

　また，例えば，紅葉はどの大学でも見られるものだが，特にKGは，その美しさが彼らのアイデンティティにも影響を与えていると考えられる。KGは大学内に憩いの場として日本庭園があり，常に四季を感じられるよう植物が植えられている。それが，彼らの日常の中に色濃く反映しているのであろう。同様に，駐車場についても，いずれの大学にも整備されてはいるが，RKは全学生が利用できるほどの広さを備えており，RKの特徴となり，学生たちの大学自慢の1つとなっている（林他，2008）。

　つづいて，PPMによって撮影された被写体と，言語を元にした社会的アイデンティティ尺度の得点の対応関係を確認するため，次の処理を行った。まず社会的アイデンティティ尺度の各因子について，因子得点を元に個人を高群・中群・低群の3つに分けた。被写体と大学の対応分析の結果から個人の座標値が得られているため，各個人に高群・低群のラベルを付与した。そ

の結果をもとにして，社会的アイデンティティの高低ごとに所属大学クラスターと同じクラスターに分類された割合を求めたものが表5-6である。また，社会的アイデンティティの高低とそこに分類された割合の間の関連性についてχ^2検定を行った（表5-6）。有意な関連が認められたものについては，KUクラスターのメンバー親近感とRKクラスターの集団への行動意図を除いて，いずれも各大学クラスターに社会的アイデンティティ高群が低群よりも多く含まれていた。

表5-6 各大学クラスターにカテゴリ化された、社会的アイデンティティの高低ごとの割合とχ^2検定の結果

		KGクラスター 割合	χ^2値	KUクラスター 割合	χ^2値	RKクラスター 割合	χ^2値	ASクラスター 割合	χ^2値
集団所属意識	高群	100.00%	4.58*	83.33%	n.s.	66.67%	4.58*	71.43%	16.64**
	低群	72.73%		71.43%		44.44%		30.00%	
メンバー親近感	高群	100.00%	6.96**	25.00%	26.51**	66.67%	16.35**	83.33%	8.17**
	低群	66.67%		77.78%		27.27%		50.00%	
集団的威信	高群	100.00%	5.29*	75.00%	n.s.	33.33%	n.s.	66.67%	8.17**
	低群	70.00%		75.00%		33.33%		37.50%	
集団への行動意図	高群	100.00%	n.s.	80.00%	2.86†	40.00%	6.38*	60.00%	n.s.
	低群	85.71%		60.00%		66.67%		60.00%	

いずれも $df=1$ ** : $p<.01$ * : $p<.05$ † : $p<.10$

社会的アイデンティティ尺度の各下位因子と，撮影された対象の関連を見ると，集団所属意識やメンバー親近感の高い学生は，所属大学のクラスターと同じクラスターに布置される傾向がある。つまり，自分の大学に所属している感覚が強い学生や，大学のメンバーに対する親近感が高い学生は，所属大学に固有な被写体を多く撮影し，それらが低い学生は，一般的な大学を被写体として選んでいるといえる。

実際には，大学生活の大部分は，クラスター2やクラスター5に含まれる一般的な大学の被写体が中心であろう。所属大学に対する社会的アイデンティティの低い学生の大学生活は，一般的な意味での大学施設の中で行われ

ているといえる。しかし，社会的アイデンティティの高い学生は，大学生活の中心となるそれらの施設に加えて，○○大学固有の施設・風景を大学生活の重要な要素として認知し，撮影している。このような結果は，「大学での生活」として撮影された対象が，○○大学の学生という意識を反映していると考えられる。撮影された対象はこれまでの大学生活での体験や感情と強く結び付いており，場所と個人間の情緒的な絆が，大学と個人の認知的なつながりを形成しているのだと考えられる。

KUクラスターのメンバー親近感については，サークルや部活動などを中心としたクラスターが近くに布置されており，メンバー親近感高群はそれらのメンバーを多く撮影したため，方向性が逆になったといえる。また，KUクラスターの集団所属意識，集団的威信について有意ではなかったことも，同様の理由であろう。RKクラスターの集団的威信について，有意にならなかった理由は，他の大学に比べてRKの集団的威信得点が有意に低かったことから（表5-3参照），集団的威信高群においても十分な集団的威信を獲得されていないためだと考えられる。

これらの結果から，PPMによって撮影された被写体は，言語を基礎とした社会的アイデンティティ尺度との対応関係も認められ，PPMによる社会的アイデンティティの測定には妥当性があるといえるだろう。

第4節　総合考察

本研究では，PPMを用いて，所属大学から獲得される社会的アイデンティティの測定を試みた。また，その妥当性を確認するため，新社会的アイデンティティ尺度を開発し，PPMの結果との対応関係についても検討した。

尺度開発において抽出された4因子のうち，メンバー親近感，集団所属意識，集団的威信については，Hinkle et al. (1989) とKarasawa (1991) の研究で社会的アイデンティティの下位因子構造が異なり，不明確だった点が，明確に分離される結果となった。すなわち，Karasawa (1991) の主張するメンバーシップとメンバーに対する同一化の次元が抽出され，さらに前

者について，Hinkle et al. (1989) の主張する認知的所属意識・情緒的所属意識が抽出される結果となった。

　また，従来の社会的アイデンティティ尺度の多くは，性別や社会階級などの抽象度の高い集団を想定して作られていた。そのため，地域や大学，会社など具体的な活動や空間を伴った集団に対する社会的アイデンティティを測定するには，従来の社会的アイデンティティ尺度は十分なものだとは言えなかった。例えば地域活動への積極性（田中他, 1978）や，協力的活動・連帯・積極性（石盛, 2004）などの，地域内での積極的な活動・活動意図に関する因子が多くの研究で支持されているように，本研究で抽出された集団への行動意図因子は重要な意味を持つと考えられる。

　例えば，地域，学校，会社といった空間的にもメンバー的にも限定された集団では，自分の積極的な活動が直接的に自分の利益につながりやすい。そのため，所属集団内で積極的に活動することは，集団の重要性を高め，自己の重要な一部分として機能すると考えられる。さらに，メンバー間の積極的な活動の認知が容易であるため，相互依存性の認識が高まりやすく，所属集団内での自らの重要性も認識されると考えられる。このことも，集団が自己の重要な一部分として機能することにつながるといえるだろう。

　また，PPMの結果からは，空間や場所，シンボル，施設といったものが社会的アイデンティティの要素として重要な役割を果たしていると考えられる。従来の社会的アイデンティティ尺度は，言語的反応を元にして作成されているため，これら場所や空間に関しては，社会的アイデンティティを構成する下位概念としては十分に議論されてこなかった。しかし，場所に関連した意味やシンボルが，その場所への帰属意識を提供する（Relph, 1976）ように，大学という空間や施設は，大学生の大学への帰属意識を高め，自己のアイデンティティの一部となっていると考えられる。

　撮影された被写体の対応分析の結果は，被写体とされた大学キャンパス内の場所・施設が，撮影者である大学生にとって，一般的な大学ではなく○○大学に所属していると実感する場所であることを示している。社会的アイデンティティ尺度得点との対応関係の結果では，社会的アイデンティティ尺度得点の高い学生は所属大学固有の写真を多く撮影していたのに対し，社会的

アイデンティティ尺度得点の低い学生は，そういった傾向が見られなかった。集団所属意識，メンバー親近感の高い学生は，特に大学固有の被写体を多く撮影する傾向があった。これらのことから，学生たちは，大学という場所・空間・シンボル・施設を通して，大学に対する所属意識やメンバーとのつながりを高めている可能性がある。つまり，他の大学にはない，その大学ならではの特徴的な場所・空間・シンボル・施設が，個人と所属する大学を結び付ける重要な紐帯となっていると考えられる。

つづいて，PPM という技法について考察する。PPM によって，自己概念や自己と外界との関わり方が測定可能なことは多くの研究で示されてきた（藤原, 2005; 寺本・大西, 1995; 植村, 1993, 1996, 1997; Ziller, 1990, 2000 など）。しかしそこに問題がなかったわけではない。

1 点目の問題として，分析に関して，統計的な分析が十分に行われていないという点があった。そこで本研究では，被写体として何を撮ろうとしたのかという調査対象者の記述を元に，テキスト・マイニングを行い，対応分析を行った。この方法によって，被写体同士の関係や，所属大学との対応，さらには，各個人の社会的アイデンティティ尺度得点との関係について統計的な分析が可能となった。ただし，撮影対象についての記述を求めることは，写真投影法のメリットである簡便性が損なわれた点は否めない。この点については，撮影対象が明確になるように写真撮影を行う旨の教示を与えることや，被写体への焦点化が容易に行えるデジタルカメラなどを用いることで改善できる可能性がある。

2 点目の問題としては，研究者の主観が完全には排除されず，その他の変数との対応関係について議論が行われていないという問題があった。従来の研究では，写真の分析の際に，複数人による KJ 法によって分類することが多かった。しかし，撮影された被写体を分類するためには，一般的な KJ 法とは異なり，被写体についてある程度の知識を持っている必要がある。そのため，その地域や施設に関わりを持った人が分類を行うことになり，主観性を排除することが非常に困難である。また，1 点目の問題とも関連するが，データが数量化されないため，既存の尺度との対応については，十分に議論されてこなかった。そこで，本研究では，社会的アイデンティティ尺度と

PPM の被写体の関連について検討した。その結果，PPM で撮影された対象と社会的アイデンティティ尺度得点との間には対応関係が認められ，PPM によって社会的アイデンティティが測定可能だと考えられる。本研究で試みた手法を用いることで，従来の PPM を用いた研究にはなかった既存の尺度との統計的妥当性を確認することも可能となった。

　もちろん，計量的，統計的な分析だけが優れているというわけではない。しかし，質的な分析に加えて，数量的な分析を行うことで，より質の高い研究につながるであろう。さらに，統計的な分析を行うことで，どちらかといえば個人の反応に焦点が当てられていた PPM を，集合レベルでの分析にも拡げることが可能である。

　最後に，本研究の問題点を指摘する。社会的アイデンティティ尺度について，集団への行動意図因子については，独立した因子として抽出されたものの，信頼性係数がやや低く（$α=0.66$），議論の余地が残る。そもそも積極的な活動は，コミュニティとの長期的な関係性を前提にしていると考えられる。しかし学校という集団は，空間や活動を背景とした関わりがほとんどの場合 4 年間と限定的であり，積極的な活動が互恵的な関係につながらないのではないだろうか。長期的な関係性が前提となる場合において，行動に関する次元が，社会的アイデンティティの重要な要素となるのではないだろうか。今後は，それらを計画に組み入れた調査を行い，より詳細な検討を行う必要があるだろう。

第3部　マクロレベルでの集団間関係の測定

第6章
リターン・ポテンシャル・モデルによる集団間関係の測定
──施設・空間の共用にみられる集団間関係

第1節 問題

　本章の目的はリターン・ポテンシャル・モデル (Jackson, 1960; 佐々木, 1963, 2000) を応用することで，集団間の関係性をマクロレベルで記述，解析することを目的としている。具体的には関西学院大学合同部室を事例として，限られた資源（ここでは施設や空間）を共用しているパターンでの集団間の関係を記述的・探索的に検討する。また，その結果をふまえリターン・ポテンシャル・モデルの集団間関係の測定への応用可能性を検討する[2]。

1) リターン・ポテンシャル・モデルによる集団間関係の測定

　集団間の関係についての研究は理論面でも実証面でも数多くなされ (Abrams & Hogg, 1990; Taylor & Moghaddam, 1994; Worchel & Austin, 1986; Brown, 1988 など），現実的な問題の解決に役立っている (Deutsch, 1973; Fisher, 1997; Kelman, 1965, 1990; 大渕, 1997 など)。しかし多くの研究で，集団間の関係性についてマクロ（集合体）レベルの測定がなされていな

---

[2] 本来、リターン・ポテンシャル・モデルで測定しようとするものは集団規範であり、集団成員からの潜在的なリターンであることから、この名称が付けられている。本研究で測定しているものは、必ずしも潜在的なリターンそのものではないが、リターン・ポテンシャル・モデル、あるいはリターン・ポテンシャル曲線といった表現が定着しており、イメージしやすいことから、これらの語句を用いている。

いという問題点が指摘されている（杉万・矢守，1993など）。

そもそも社会科学において測定・分析されるデータには，個人に関するデータ（マイクロデータ）と集合体に関するデータ（マクロデータ）がある。後者のデータは集合体を構成する個々人のデータから集計，導出される「集計データ」と，個々人のデータからは算出できない集合体に固有の「集合データ」に分類される（直井，1983）。「集計データ」とはいわゆる個人データの記述的統計的代表値に基づくデータである。広義の意味ではマクロデータといえるが，狭義の意味からは「集計データ」はマクロデータとは言えない。また，杉万・矢守（1993）によれば，集合データはさらに次の4つに分類をすることができる。

1つめは「①個人データの加工による集合データ」である。これは，ある集合体の特徴を表すために，集合体を構成する個人から得られるデータをもとに記述的統計的代表値を算出するのではなく，何らかの集計・加工を施したものである。例えばジニ係数やリターン・ポテンシャル・モデル（Jackson, 1960; 佐々木，2000），社会的表象としての認知地図（矢守，1994）などがあげられる。2つめとして「②個人間の関係データに基づいて導出される集合データ」である。これはソシオメトリーに代表されるように集合体のメンバー間の関係を測定し，それをもとに導かれた集合データである。例えば集団内のメンバーが好意度を評価したデータをマトリックスとし，数量化理論（林，1974）によって解析したものである。その他にもBales（1950）の相互作用分析や奥田・伊藤（1991）のSYMLOGを用いた研究も，これに分類されよう。3つめは，「③直接的集合データ」で，属性データ，集合体のサイズ，メンバー構成などによって表される集合体のデータである。4つめは「④間接的集合データ」であり，直接的集合データを測定することが困難である場合に，それに変えてそのマクロ変数を色濃く反映していると考えられる別の現象を測定することによって得られるデータである（詳しくは杉万・矢守（1993）を参照）。

上記のようにいくつかの方法によって，集合データの測定が行われてはいるものの，多くの集団研究では，個人データの記述的統計的代表値に基づく「集計データ」が計量されている。そのため，マクロなレベルの測定による

分析は十分なものだとは言えない。しかし，マイクロ・マクロ問題の実証的解明にとって，マクロ変数の計量（集合データの収集）方法の開発は極めて重要である（杉万・矢守，1993）。本研究では，①の個人データの加工による集合データの集計方法であるリターン・ポテンシャル・モデルを集団間関係の測定に応用する。

そもそもリターン・ポテンシャル・モデルは集団規範（group norm）を定量的に測定，記述するために開発された。横軸に行動次元をとり，縦軸に評価次元をとって，行動次元上の各点に対応する行動型に当該集団が与えるであろう評価（是認または否認の度合い）を目盛って，これを曲線でつないだものをリターン・ポテンシャル曲線（図6-1）と呼ぶ（佐々木，2000）。この曲線に基づき，当該集団がその行動次元に関して持っている，集団規範の構造特性を表すような指標を表すいくつかの指標が導き出される。

集団規範の指標の1つである最大リターン点は，リターン・ポテンシャル曲線の最大値に対応する横軸上の点で，これは該当集団が理想と見なしている行動型を表している（図6-2参照）。また規範の強度は，横軸の各測定点から曲線までの高さの絶対値を合計した値である。この値が大きければ，集団成員の規範への同調を大きく是認し，逸脱行動を厳しく否認することを意味している（図6-2参照）。結晶度は各行動次元における成員間の評価の一致度である。リターン・ポテンシャル曲線は集団成員ひとりひとりの認知に基づいて描かれるため，集団の規範として1本の曲線に統合される以前には，個々の成員の認知する曲線が成員の数だけ存在することになる。これらの曲線がよく一致しているほど集団の規範は結晶度が高いことを意味する（図6-3参照）。指標としては，各観測点における平均の周りの分散の和（$\Sigma\sigma^2$）が用いられ，この値が小さいほど結晶度は高いとされる。このほかにも様々な指標があるが，ここでは特に集団間の関係性への応用可能性の高いものだけを扱った。その他の指標については佐々木（2000）に詳しい。

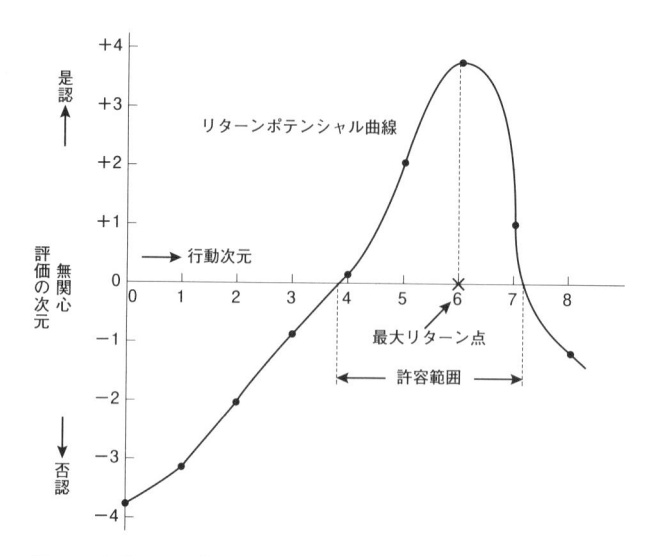

104　第3部　マクロレベルでの集団間関係の測定

図6-1　リターン・ポテンシャル曲線（Jackson, 1960; 佐々木，2000）

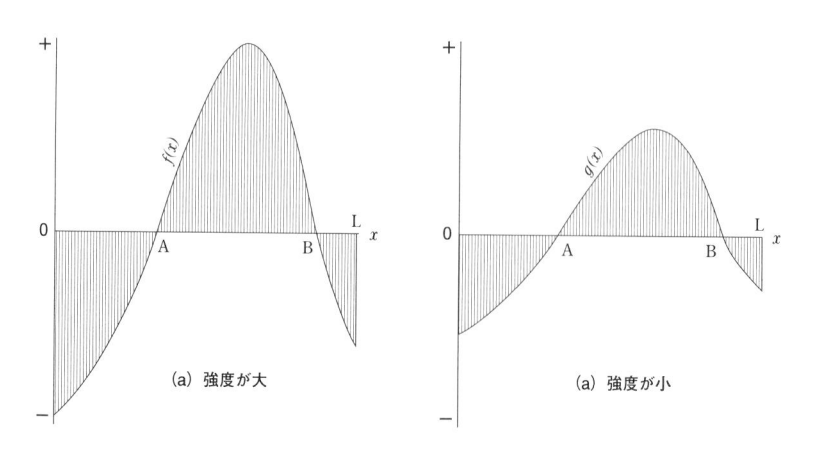

図6-2　強度の異なる規範の例示（佐々木，2000）

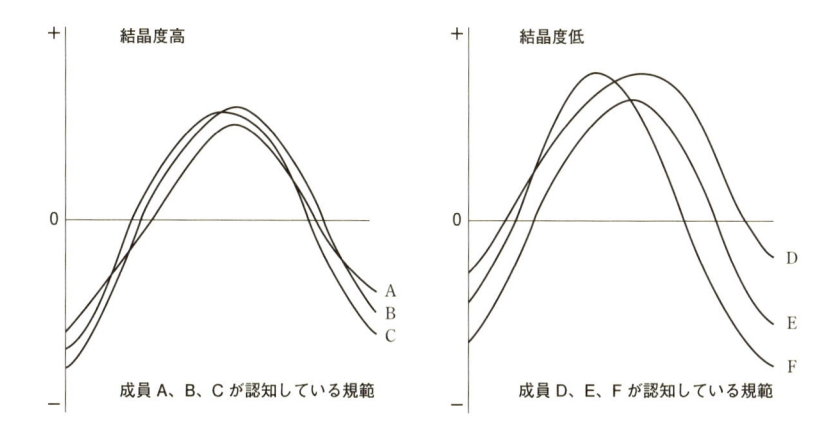

図6-3 結晶度の異なる規範の例示（佐々木, 2000）

　そもそも集団現象は，個人もしくは対人関係のレベルのものと，集団のレベルのものによって理解されるものであるが，上述の指標は集団レベルの指標といえるだろう。集団規範は集団を構成する成員たちの期待によって成り立っており，集団レベルで集団規範を確定するには，成員間の一致度と共に決定されるべきだといえる（佐々木, 2000）。このことは集団間の関係性についても当てはまる。集団間の関係性は，各集団を構成する成員たちの態度や行動（意図）によって成り立っており，マクロなレベルでの集団間の関係性を確定するには，各集団内における成員間の態度や行動（意図）の一致度を考慮すべきである。集団Aと集団Bの関係性は，集団A（あるいはB）を構成する個々の成員たちの，集団B（あるいはA）に対する態度や行動の平均値によって表されるだけではなく，集団A（あるいはB）における，集団B（あるいはA）に対する態度や行動の強度や結晶度というべき指標が重要となるといえよう。

　ここで，ある集団に対する受容と排斥を例に，強度，結晶度という概念を集団間の関係に当てはめて考えてみる。

　集団間の関係に関するリターン・ポテンシャル曲線の強度とは，成員たち

がある特定の態度や行動のみを高く評価し，他の態度や行動を低く評価する程度を意味する指標である。仮に集団A・B間の関係が対立的であったとしよう（従来の研究で頻繁に用いられている，態度指標や行動指標が算術平均で5段階評価の1や2などの場合）。なお，このような場合，リターン・ポテンシャル曲線における最大リターン点は否定的な態度や行動となるだろう。このとき，集団Aの集団Bに対する態度や行動について，その強度が高ければ，集団A内では排斥的な態度や行動だけが強く現れており，受容的な態度・行動はほとんど現れていないことを意味する。反対に強度が低ければ，必ずしも排斥的な態度や行動だけが強く表れているわけではなく，排斥的から受容的な態度や行動まである程度は現れているといえる。そのため，強度が高ければ集団Bの成員は集団Aの否定的な態度を確固たるものとして認知するだろうし，強度が低ければ，集団Aの排斥的な態度を曖昧なものとして認知するだろう。

　集団間の関係におけるリターン・ポテンシャル曲線の結晶度とは，各態度における成員間の評価の一致度を意味する指標だといえる。また，結晶度が高ければ，成員一人ひとりが描く曲線が集団内でよく一致している。すなわち，成員のとる態度や行動のパターンが集団内で単一的なものだといえる。このような場合，集団Bの成員は，集団Aの成員たちが一致団結しているように認知するだろうし，結晶度が低ければ，集団Aの成員の態度や行動パターンに多様性を見出し，統率がとれていないように認知するだろう。

　例えば，強度が高く，結晶度が高い場合というのは，戦時中の軍隊の行動様式といえるかも知れない。すなわち，敵に対する態度や行動は否定的なものだけであり，その他の態度や行動をとることはあり得ない。つまり強度が大きいといえる。またそういった軍隊内では，ある種の態度や行動が厳しく統率され，異なった態度や行動をとることは許されない。つまり結晶度は高いことになる。一方で，強度が低く結晶度が低い場合というのは，利害の関係がなく，相手のことについてほとんど知らないような集団間の関係などが考えられよう。

　以上のことをふまえれば，算術平均としての集団間の関係性の指標が同じであっても，その集団間関係は必ずしも同じものだとはいえないと考えられ

る。リターン・ポテンシャル曲線から算出されるこれらのマクロな指標を合わせることで，集団間の関係性について詳細な考察が可能となるだろう。

2） 合同部室

　本研究で対象としている合同部室は，学内の登録団体（サークル）が部室を持たず，いわゆる"ボックス"をキャンパス内に独自に作っていたことを受け，1984 年に建設された新学生会館内に設置された。しかし全ての登録団体に一部屋ずつ与える十分なスペースはなく，10 登録団体前後に対して 1室を与えるという形でア〜コまでの合計 10 部屋用意されることとなった。部屋の振り分けに関しては，ジャンルの似ているサークルが同じ部屋になるように振り分けられた。新学生会館建設時の学校側の計画では，利用の曜日と時間帯を振り分けて共同利用することが考えられていた。しかし，現在そのような利用形態をしている合同部室はなく，部屋をいくつかのパートに分け，集団ごとのスペースを作り利用している。すなわち，空間や施設など限られた資源を複数の集団が共用する形となっている。Campbell（1965）の現実的利害葛藤理論によれば，複数の集団が限られた資源を共有する際，資源に対する複数の集団の目標が両立不可能であるために，対立的態度が形成され葛藤が生じるといわれている。本研究の題材である合同部室は，限られた空間・施設という資源を共用しており，前述の議論からは，対立的な関係を形成する傾向にあるといえる。ところが，ある合同部室においては対立的な関係を築いているが，他方で全く対立的な関係を築いていない合同部室も存在しているのである。

　そこで，本研究では，限られた資源を共用している団体同士の関係を明らかにするため，調査を行う。まず予備調査として，合同部室の利用実態を確認するため，合同部室を利用している全ての団体を対象に聞き取りを行う。つづいて，予備調査の結果を踏まえ，特徴的な関係を築いている団体に対してリターン・ポテンシャル・モデルに基づく質問項目を含めた質問紙調査を行う。また，より詳細な関係性を明らかにするため各団体の執行部員（部長・副部長など）に面接調査を行う。

第 2 節　予備調査：合同部室の利用実態調査

1）方法

【調査時期】　2002 年 9 月 18 日～ 10 月 20 日（12：30 ～ 13：10）
【調査対象者】合同部室（ア～コ）を利用している各登録団体の構成メンバー
【調査場所】　関西学院大学 新学生会館 4F 合同部室
【調査方法】　登録団体の構成員が集まっている各合同部室に調査員 2 名が出向き，調査の目的を説明し，被調査者にカセットレコーダーによる録音の了解をもとめ，聞き取りを行った。より多くの登録団体員の意見を聞くため，数日の間隔をおいて 2,3 回の聞き取りを行った。
【聞き取りの内容】「どのように合同部室を利用しているか」，「共用している団体との関係はどのようなものか」，「他の合同部室の関係は，どのようになっていると思うか」などを中心に聞き取りを行った。

2）結果

　大学学生部の発行する『大学案内―学生生活編―』の登録団体に関する情報によれば，アからコまでいずれの合同部室も，10 団体前後で 1 部屋を共同利用することになっている。しかし聞き取りの結果，多くの団体が合同部室を荷物置き場として利用しているにとどまっており，複数の団体が定期的な集合場所・活動場所として利用している合同部室は，10 部室のうち半分の 5 部室（イ・ウ・エ・キ・ク）のみであった。
　例えば，合同部室ケでは，音楽系の登録団体が占有しており，次のように話していた。

　　「もう，僕たちが独占。いっさい他のサークルがたまることはなくて……
　　　存在しているかどうなのかも，分からないんですよ」
　　「去年の卒業式の時に，どっか他のサークルの人が荷物を全て取りに来たし」

（部室ケ　男性）

また，合同部室コでは，語学研究系の登録団体が，占有しており，次のように語っていた。

「約半分は，うちが使ってる。占有スペースに関しては，暗黙の了解があって，話し合いなんて持ったことがない。他のサークルは，荷物を置きに来る程度」
「向こうとは無関係。しゃべったことない」

（部室コ　男性）

複数の登録団体で共用することになっている合同部室ではあるが，このように他の登録団体とは「無関係」という意見が多く聞かれた。さらに「どっか他のサークル」と述べられているように，共用している登録団体の名前すら分からないということも多かった。複数の登録団体が利用している5部屋は，2つの登録団体のみが利用しているパターンが多かった。合同部室イ，ウ，キは，3つの登録団体が利用しているらしいことが分かったが，われわれが部室を訪ねた十数回の中で，いずれの部室においても3つの団体全てと会うことはなく，2つの団体としか会うことはなかった。つまり，10部屋のうち5部屋は1団体が占有利用しており，残る合同部室も基本的に2～3団体で利用しているという実態が分かった。本研究では，そのような実態をふまえた上で，それぞれ次の理由で合同部室エ，クを中心に取り上げることとした。

　合同部室エ：利用実態として2団体が利用していると述べられており，聞き取り調査の際，別の合同部室を利用している登録団体から，「前年度までは1団体のみで部室を占有していたが，今年度4月より，新しく利用する団体が入ってきたが，それを受け入れて，うまくいっているようである」と噂されていたため。

　合同部室ク：利用実態として2団体が利用していると述べられており，聞き取り調査の際，別の合同部室を利用している登録団体から，「あそこの部室は仲が良くない」と噂されていたため。

各合同部室を利用する団体の特徴は以下の通りである。

合同部室エ

1. ホワイトスノー・クラブ（仮名，以下ホワイトと省略）

設立：1968 年

部室の利用：新学生会館建設時から

部員数[3]：男性 6 名，女性 7 名

メンバーによる活動の紹介[4]：

「私たちのクラブは少人数ですが，その分全員が仲良く楽しんでいます。トレーニングやいろいろなイベントを通して他大学やチーム内で交流を深めて OFF シーズンを過ごし，シーズン中は技術を合宿や居候で先輩方から教わり，スキー検定を受検したり，一年間の締め括りに大会にも出場しています。とりあえず気軽に部室まで。」

2. クレセント新聞 （仮名，以下クレセントと省略）

設立：1996 年

部室の利用：2002 年 4 月から

部員数：男性 4 名，女性 5 名

メンバーによる活動の紹介：

「私たちは学内の様々な情報を発信する報道サークルです。年 7 回発行の「クレセント新聞」，FAX，新聞，ホームページを媒体として活動しています。白熱したスポーツの取材をしたり，事件・事故の現場に飛んでいったりあなたもしてみませんか？ 毎週月曜の昼休み第五別館でミーティングを行っているので是非来てください。」

---

[3] 大学発行の『大学案内 2002 学生生活編』の「課外活動」の部員数より。実際には，記載されている人数が，部室を利用している人数とは限らない。またこの冊子は，新入生に配られ，課外活動や各種研修などの紹介が載せられている。

[4] 大学発行の『大学案内 2002 学生生活編』の「課外活動」学生団体の紹介文より。これは新入生募集をねらいとして，団体の代表が書いている。

合同部室ク

3. コミック研究会（仮名，以下コミックと省略）

設立：1962年

部室の利用：新学生会館建設時から

部員数：男性24名，女性7名

メンバーによる活動の紹介：

> 「こんにちは，コミック研究会です！　日頃はみんなが部室でコミックを読んだり書いたり，アニメやゲームなどの話で盛り上がったりしています。主な活動は春秋発行の部誌「D」の作成と，学祭でのパネル・CG作成，アニメ特撮上映等を行っています。気軽におこしください。もちろん大歓迎です！　まっています。」

4. ブルーテニス（仮名，以下ブルーと省略）

設立：不明

部室の利用：新学生会館建設時から

部員数：男性36名，女性47名

メンバーによる活動の紹介：

> 「"大学生活を充実させたい！""サークルって何？"と思っているあなた！是非私達のサークルに顔を出してみませんか？充実した楽しい大学生活を約束します。テニスの活動（メンバーの大半は大学まで未経験です）を中心に今まで味わったことのない様々な活動を行っています。」

第3節　本調査：質問紙と面接調査による合同部室の調査

　第一調査での聞き取り調査の結果，2つの団体が部室を共用していた部室のうち，2つの部屋（4団体）に対して，その関係性を明らかにするため質問紙調査を行った。またその後，各団体の幹部に対して面接調査を行った。

1) 方法

質問紙調査

【調査時期】2002 年 11 月 18 日～ 11 月 29 日
【調査対象者】合同部室エ・クを利用している登録団体の構成メンバー合計35名
【質問項目】①合同部室の利用に関する事柄として，合同部室の1週間当たりの利用時間，利用の満足度をたずねた。②共用団体間の関係性について，その団体との関係性が協調的か対立的なものだと思うか，また，共用団体に対する受容・排斥に関するリターン・ポテンシャル曲線を描くため，最も排斥的な態度である「彼らが出て行けばいいのにと思う」という項目から，「彼らの存在がうっとうしいと感じることがある」「彼らが居ても居なくてもかまわない」「彼らと共有していて良かったと思うことがある」「彼らと，これからもすすんで部室を共有していきたい」という受容的態度までの5項目に対して「1. 全く当てはまらない」「2. どちらかといえば当てはまらない」「3. どちらともいえない」「4. どちらかといえば当てはまる」「5. 大変よく当てはまる」の5件法で尋ねた。これらの項目をもとに，横軸に「排斥的な態度」から「受容的な態度」までの態度次元をとり，縦軸にそれぞれの態度に対する評価次元をとり，それらを線で結ぶことによってリターン・ポテンシャル曲線が描かれる。このように測定することによって，いわゆる「強度」「結晶度」という形で，集団の特性値が得られる。これらの数値の計算はすべて佐々木 (2000) に従った。なお，本研究では5件法で尋ねているため，強度については中間である3を中立点として計算した。

面接調査

【面接場所】社会学部心理実験室
【調査方法】半構造化質問紙を用いた面接法。調査者は男性2名。調査対象者の了解を得てICレコーダーによる録音を行った。
【調査日時と対象者】
■ホワイトスノー・クラブ（部室エ）
面接日時：2002 年 11 月 20 日　10：50 ～ （約 50 分間）

面接対象者：部長 A（男性・3 回生）・一般部員 B（女性・2 回生）

■クレセント新聞（部室エ）
面接日時：2002 年 11 月 26 日　13：10 ～（約 40 分間）
面接対象者：部長 C（男性・3 回生）

■コミック研究会（部室ク）
面接日時：2002 年 11 月 20 日　13：10 ～（約 45 分間）
面接対象者：前部長 D（男性・4 回生）・現部長 E（男性・2 回生）

■ブルーテニス（部室ク）
面接日時：2002 年 11 月 20 日　13：10 ～（約 15 分間）
面接対象者：一般部員 F（男性・2 回生）

2) 結果と考察

合同部室エの利用実態と利用に対する意識

　合同部室エの利用に関する調査の結果は表 6-1 のとおりであった。調査対象者の人数が少ないため統計的検定は行っていないが，部室の利用時間に大きな差がある。合同部室エでは，2002 年度からクレセントの利用が始まった。1998 年まではホワイトが他の登録団体と共用していたが，その団体がつぶれ，クレセントの利用が始まるまでの 3 年間，ひとつの団体で利用していたことになる。このことが両団体の関係を考える上で重要である。それは，次の言葉に端的に表現されているだろう。

「いや，まあ，しゃあないんじゃないですか。やっぱそのー……，ずっと長く使ってるのと，やっぱ，新入りみたいな感じじゃないですか。
うーん，まあその……，サークルとしての単位は一緒ですけど，（部室を）使ってる歴が違うんで。僕らももうちょっと使ったら，そろそろランクアップしていくかなみたいな」
（クレセント C）

これは，調査者が「いまは，一方的に部室を使われているという状況だが，それに対して，不公平だとか，そんな風に思ったことはないか」と質問したときに返ってきた答えである。このように使用の「**歴が違う**」ことで「**新入り**」のようなものであり，そのため不公平さに対して「**仕方ない**」と感じている。その一方で，部室利用の満足度に関してはいずれの団体の間にも目立った差異は認められず，3を下回っていることからも，どちらの団体も部室に対しては満足しているわけではない。

表6-1 合同部室の利用時間と対する意識

部室	団体名	人数	利用頻度（時間）Mean （SD）	満足度* Mean （SD）
エ	クレセント	4	1.67 （1.15）	2.33 （1.15）
	ホワイト	5	20.00 （14.72）	2.75 （0.96）
ク	コミック	14	7.00 （4.93）	2.54 （0.88）
	ブルー	12	6.36 （6.96）	2.82 （1.25）
	全体	35	8.76 （6.94）	2.53 （0.92）

*数値が高いほど満足していることを意味している

設置されている4台の机の利用状況については，ホワイトが3台利用し，クレセントが1台利用している。ホワイトとクレセントの構成人数比は約4：3であり，机や部室の広さの割合（3：1）は決して公平なものとはいえないだろう。また，机だけでなく，その他の備品に関しても，次のように話していた。

「この辺も，ウチの（もの）がだぁーっと置いてあって…」
「掲示板も全部うちが占領してる（笑）」
「で，この辺のロッカーもうちが全部占領してて（笑）」
「音楽の権利もうちだけですよ」　　　　　　　　　（ホワイト　A・B）

と，ホワイトの部員は語っており，それに対してクレセントは以下のように語っていた。

「じつは,ロッカーもすべて占領されてるんですよ。じつは！　もう,完全に！」
「ロッカーの所にも,…スキーの用具がいっぱい,ガンガン置いてあるんですよ」
(「それに対してどうですか？」)
「まぁ,(ロッカーの)必要性は,まぁ,あんまり感じていないけど……」
「あと,なんか,本とかもおいてはるし。まぁ,それに(対して),ぼくらが,どうこう言うのもねぇ……」
「黒板もあっちが完全に使ってますし,やっぱりあとから入って(い)った,っていうことですね。やっぱり。」
(「あまり,文句は言えないですか？」)
「うーん。もうすでに,なんか使ってそうなんで,ぼくらが言うのはねぇ…」

(クレセントC)

　このように,「音楽の権利」も含めて,机を除くすべてのもの(空間・ロッカーなど)の利用権はホワイトにあるようである。さらにホワイトは合同部室のことを次のように述べていた。

「(他のサークルが)ローラーブレードをウチの部室に置いてて…あぁウチの部室じゃないか。ウチの,ウチのじゃないな,合同部室に置いてて……」

(ホワイトA)

　このような状況に対してクレセントは,「僕らが言うのも…」と言葉を濁し,「やっぱり,あとから入ってきたから…」と,このような状況は仕方のないものだと受け止めている。そして,その理由は,自分たちが「後から」利用を始めたことだと,考えている。しかしその一方では「すべて…　じつは…　完全に！」と,ホワイトがいかに不公平に利用をしているのかを強調するような表現を繰り返していることも事実である。さらにホワイトは,合同部室のことを「ウチの」部室と何度も繰り返し間違えて話し,部室内の物品に関しては,ホワイトに利用権があると感じている。しかも,そのような認識は,ホワイトだけではなくクレセントにおいても,同様の認識をしていた。

> 「人数が増えてきて，机に座りきれないくらいになったら，さすがに机は貸してもらわないと…」
>
> （クレセントC）

このように，クレセントも，学校から正当な権利として部室を与えられているというよりも，ホワイトが使っているところを，使わせてもらっているという認識でいるのかもしれない。そして次のようにも語っていた。

> （今年度から部室を利用するに当たって期待していたことがあるか？）
> 「僕らが，自由に使える空間があんのかなとは，確かに思っていたと思います」
>
> （クレセントC）

当初の期待よりも使えないと思っているだけではなく，「自由に使える空間」がないと，捉えている。このような発言からも，ホワイトの部屋を使わせてもらっているというクレセントの考え方が伝わってくる。また「現在の利用形態を改善して欲しいか」という問いに対して，クレセントは次のように語っていた。

> 「将来的には，やっぱ，個室が欲しいってことになってて，個室に入るまでには段階を踏まな，アカンらしいんですね。」
> 「合同部室に行って，つぎ，個室がやっとゲットできるみたいな感じで」
> （段階を踏むためで，今はあまり満足じゃなくても良いかなって感じですか？）
> 「確かに，ちょっと，期待はずれなところはあったと思いますけどね」
>
> （クレセントC）

つまり，個室をもらうための段階として，合同部室を利用していると割り切っているようである。そのため，部室の満足度が低いにもかかわらず，しかたのないものとして，通るべき道として考えているのであろう。しかし，相手のサークルに対して，何か言いたいことや行って欲しいことがあるかとたずねたところ，次のように話していた。

「せめて，空間を半分ずつにしよう（ということ）ぐらいですね」

(クレセントC)

騒がしさなどに対しては，特に問題だとは思っていないが，部屋の広さに関しては，改善希望があるようである。しかし，そのような希望をクレセントが持っている一方で，ホワイトは，部室の利用について次のように語る場面があった。

「（相手がその場に）いないと思えば，やりたい放題かもしれんな（相方を見る）」
「でも，向こうの人も，何も思ってなさそうじゃないですか」

(ホワイトA・B)

このように，「何も思っていなさそう」と解釈している。実際には，クレセントは何も思っていないのではなく，思っていながらも「**自分たちがあとから来た**」という意識のために，何も言えないでいるだけであろう。しかし，ホワイトは，クレセントに不満があるとは思っていないようである。

合同部室エの団体間の関係性

図6-4は，2つの団体の受容と排斥についてのリターン・ポテンシャル曲線である。また，表6-2は団体間の関係の認知およびリターン・ポテンシャル曲線から導かれる強度，結晶度，最大リターン点である。調査対象者の人数が少ないため，統計的検定は行っていないが，両団体で団体間の関係の認知の差は大きい。ホワイトは両団体の関係を対立的関係（$M=4.50$）と捉えているのに対して，クレセントは協調的関係（$M=2.67$）だと捉えているようである。またそれぞれの団体の態度も大きく異なっていた。クレセントの最大リターン点が「居ても構わない」なのに対して，ホワイトの最大リターン点は「出て行って欲しい」である。さらに，ホワイトの強度は8.25で，調査した4団体のうち最も大きかった。つまり，ホワイトの成員はクレセントに対して排斥的態度のみを強く持ち，受容的な態度を全く持っていないといえる。また結晶度も4団体のうち最も高く，成員が皆同じ態度を持って

いるということである。つまり，ホワイトのクレセントに対する態度は確定的で変化する可能性が低いものだと考えられる。

それに対して，クレセントの強度と結晶度はいずれも4団体中最も低い。つまり，ホワイトに対する態度は確定的なものではなく，変化する可能性が高く成員の態度は柔軟だといえる。

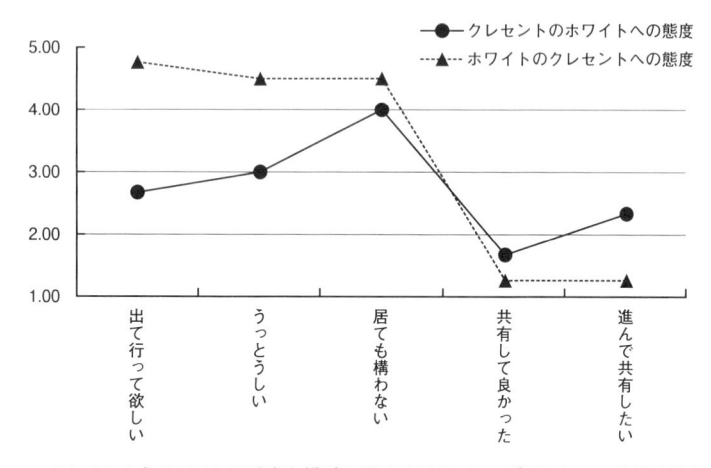

図6-4 クレセントとホワイトの受容と排斥に関するリターン・ポテンシャル曲線（部室エ）

表6-2 共用団体に対する態度と強度，結晶度

部室	団体名	団体間の関係の認知* Mean (SD)	強度	結晶度** ($\Sigma\sigma^2$)	最大リターン点
エ	クレセント	2.67 (2.08)	3.33	5.91	居ても構わない
	ホワイト	4.50 (1.00)	8.25	3.88	出ていって欲しい
ク	コミック	3.86 (0.86)	4.81	5.37	居ても構わない／うっとうしいと感じる
	ブルー	4.00 (0.74)	6.92	4.54	出ていって欲しい
	全体	3.83 (0.95)	5.83	4.93	

* 数値が高いほど対立的であると認知していることを意味している
** この値が小さいほど結晶度は高いとされる

ホワイトの排斥的な態度は次ようのような発言からもうかがえる。

「長イスがあるんですけど，もぉーぼろぼろで，…中略…（部室の配置図を書きながら，クレセントの机を指さしながら）それをここにつけてぇ……って，意図的な……（笑）」
（「クレセントの机の場所が，出入り口の所ですね」）
「まぁ，奥よりも手前の方がいいかなっていう感じで」
（たしかに，入りやすいですもんね）
「で，多分そういう意図も，あったと思う」
（まぁ，それは，相手のことを思いやってですよね？）
「か，もしかしたら，追い出しやすいように（笑）」

(ホワイトA・B)

このように，「意図的に」ぼろぼろのイスをクレセントに渡し，「追い出しやすいように」机の配置を決めたと，いかに自分たちが相手の団体を排斥しようとしているかをわれわれに語っていた。

全体を通して考えてみると，合同部室エ内の両団体の関係は，本来なら，公平に分けられるはずの空間や設備を，公平に分け合っていないという点から，良い関係とは考えにくい。さらに，そのような差があることを，両団体とも当たり前のこと，仕方のないこととして，受け止めている。また，それに加えて，ホワイトは明らかにクレセントを追い出したいと考えており，そのことによって不公平な分配が行われているようである。

合同部室クの利用実態と利用に対する意識

合同部室クを利用するコミックとブルーはどちらの団体も合同部室が設置されて以来，継続的に利用をしている。途中で３団体以上で利用することもあったが，少なくともこの５年間はコミックとブルーの２団体のみで利用をしているようであった。部室の利用に関する調査の結果は表6-2のとおりであった。部室クを利用する２つの団体の間に，部室の利用時間に差は認められなかった（$t_{(23)}=0.18, n.s.$）。また，満足度についても有意な差は認められ

なかった（$t_{(24)}$=1.15, *n.s.*）。満足度は3を下回り低いものの，聞き取りの結果からは，部室の利用範囲，机やロッカーなどの設備はほぼ半分ずつに分け合っており，部室の利用について特に問題になる点はないということであった。

合同部室クの団体間の関係性

図6-5は，2つの団体の受容と排斥についてのリターン・ポテンシャル曲線である。団体間の関係の認知およびリターン・ポテンシャル曲線から導かれる強度，結晶度，最大リターン点は表6-2のとおりである。団体間の関係の認知は，団体間での差は認められなかった（$t_{(24)}$=0.45, *n.s.*）。また，コミックの態度の最大リターン点は「うっとうしいと感じることがある」および「相手団体はいてもいなくても構わない」であり，その強度は4.81，結晶度は5.37であった。それに対して，ブルーの最大リターン点は「出て行けばいいのにと思う」であり，強度は6.92，結晶度は4.54であった。どちらの強度，結晶度とも4団体中2，3番目の値であった。

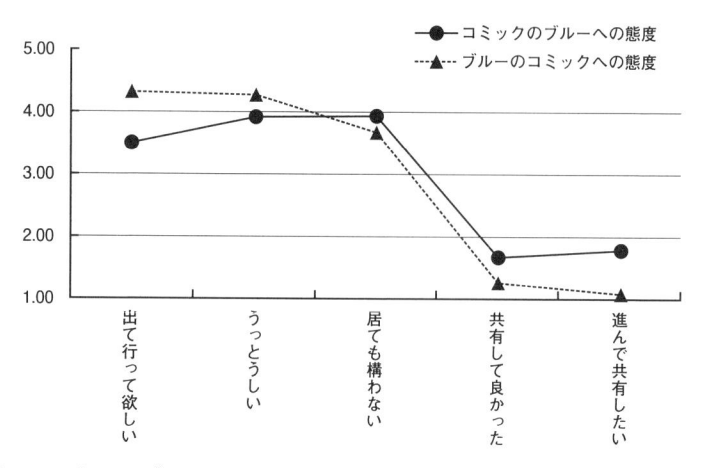

図6-5 コミックとブルーの受容と排斥に関するリターン・ポテンシャル曲線（部室ク）

両団体の関係に特徴的だったのは「見えない壁」である。

「ここには，見えない壁があんねん」
「ベルリンの壁のように。でも，これがいいねん」
「すみ分けしてるからね」

(ブルーF)

また，

「特に，なんか問題があって，交流するって言うことはないんですよ。空気的に対立してるって感じなんですよねぇ」

(コミックD)

「向こうも分かってはると思うけど，質が違いすぎるんですよ」

(コミックD)

このように，お互いの間に「見えない壁」があり「すみ分け」ており「質が違う」と述べている。そのため，他の合同部室の人たちに，「仲が悪いみたい」という印象を与えたのであろう。しかし注目すべきは「……でも，これがいいねん」や「向こうも分かってはると思うけど…」という発言である。つまり「見えない壁」のように適度な距離をあけていることによって，いわゆる"平和的共存 (peaceful co-existence)"をしているのではないだろうか。お互いが「質が違いすぎる」と認識しているため，むしろそのような「見えない壁」があることが良い関係づくりに役立っているのかも知れない。

合同部室クに特徴的に見られた発言として，他の部室に比べ，相手の団体が自分たちをどのように見ているかという発言も多かった。

(部屋の散らかり具合について尋ねたところ)
「向こうの(団体は，部屋の)利用率高いもんねぇ」

(ブルーF)

「うるさいなぁって,向こうも思っていると思うんですよね」

(コミック D)

(荷物の問題はありますか？の問いに対して)
「それは,向こうの方が,(問題だと)思ってるでしょ！」

(コミック D)

　予備調査時も含めて他の団体からの聞き取りからは,このように「向こうが○○と思っているだろう」という形で相手の立場に対して理解を示す発言は出てこなかった。また,どの程度のコミュニケーションを取っているかをたずねると,多くの団体が「無関係で,しゃべったこともない」と答えていた中,ブルーやコミックは次のように語っていた。

「(窓を開けたりの際には)いちおう一声かけたりしてるんですよ」

(ブルー F)

「そら,窓開けてくださいとか,いいですよとか,そのくらいのことは,やりとりするし…べつにそんなもんでしょ。イヤならイヤって言うし」

(コミック D)

「うるさいのは,お互い様だしね。向こうだけじゃないよ」

(コミック E)

　少なくとも自分の行動が相手に影響を及ぼす可能性があるような場合(窓を開けるなど)には,相手に了承を得るなどコミュニケーションを取っているようである。また,それに対してイヤならイヤだと返答もしている。ところが,他の部室では,このような最低限のコミュニケーションすら,取られていなかった。
　次の話はこの2つの団体の関係を特徴的に表している様に思われる。

「まぁ,表だってケンカはしないですよ」

(コミック E)

「円滑ですよね。そんな２人（２団体のこと）とも,めちゃめちゃケンカもしないし,こないだも,ロッカーの配置換えがあったんですけど,…（中略),「ダメならかまわない」って向こうに話してみたんですよ。そしたら,最初は「分からないから待ってくれ」ってなったんですけど,しばらくして,普通に良いですよって。そういうところはうまいこといってるんですよね」

(コミック D)

(これまでもめ事などはなかったですかという問いに対して)
「まぁ,今まで襟のつかみ合いになったことはないよね（笑)」

(ブルー F)

　合同部室クでは,両団体が葛藤解決の方略として,いわゆる回避方略（福島・大渕, 1997）を取っているといえるだろう。日常的な対立を避けるための工夫を取ることで,直接対決を避けているようである。ロッカーの配置換えの要求も「ダメならかまわない」と切り出し,それを受ける側も,即答はせず,「分からないから」と一度時間を置いて了解の返事をしていた。このような方法も回避方略の１つといえよう。
　そして,話し合いが終了する際に,調査者が「われわれのアンケートに答えることで相手のあら探しをしてしまい,悪い関係になったりしなかったですか」と尋ねたところ,次のような一連の会話が行われた。

「いやいや,逆ですね」
「最初は,うわぁ…って思ってたけど」
「向こうも大人なんやなぁと思いましたよ。なぁ（相方に同意を求める)」
「おもったよなぁ」

(コミック D・E)

また，ブルーは次のように述べていた。

「まぁ，入ってきたときから，そうやったから（どちらも騒がしいから），慣れてきてるっていうのもあるね。…当たり前の存在になってるって感じ」

（ブルーF）

このように，この2つの団体はお互いが質の異なる団体であることを相互に認識し，騒がしさなどお互い様と思うことで共存しているようであった。

第4節　まとめ

1)　合同部室エ・クにおける団体間の関係のまとめ

本研究では，聞き取りによる調査とリターン・ポテンシャル・モデルを応用した測定によって，2つの合同部室を共同利用する団体の関係性を記述，解析した。まず，2つの合同部室における団体間の関係性についてまとめる。

合同部室エは「新しい集団を受け入れており，良好な関係だろう」と噂されていたにも関わらず，既存団体であるホワイトは，参入団体であるクレセントを排斥しようとしているようであった。日々のコミュニケーションによってそれを示すというよりも，机やロッカーを公平に配分しない，「追い出しやすいように」ボロボロのイスを与えるなど，間接的な方法でそのことを示しているようであった。大学の立場からはどちらの団体にも公平に利用する権利を与えているのだが，ホワイトは合同部室を建設時から利用していることもあり，いわゆる既得権意識を持っており，それを主張しているようである。そのため，少しでも自分たちの既得権益を侵害するクレセントに対して，追い出そうとする態度のみがみられたのだろう。クレセントもそのことを「歴(史)が違う」ため「仕方のないこと」と述べているように，ホワイトの既得権を認め，少しでも自分たちの参入を認めてもらおうとしているようであった。

このような傾向は，岡本・佐々木（2002）の調査でも観察され，既存集団の成員たちは自分たちの資源を過剰に剥奪されたと見積もるという現象が指摘されている。この調査は2001年に私立大学の第二キャンパスにもう1つの学部が移転した時に行われた。このキャンパス内の施設は，学部の移設を見込んで，新たに食堂を一棟増設し，図書館を拡充するなど，施設の利用環境が大幅に改善された。その結果，一人あたりの図書館の面積，食堂の座席数，PC台数はいずれも従来の約2.1倍となった。それにもかかわらず，既存学部の学生たちは，参入学部の学生たちに比べ，これらの施設での混雑度をより高く見積もるなど，相対的に高い不満を示していた。そのことの影響もあってか，共存することに関して，既存学部の学生は，参入学部よりも排斥的な態度が強く，共存の可能性を小さく見積もっていたと報告している。

　一方で，合同部室クは「仲が悪い」とうわさをされつつも，どちらの団体も互いの異なっている点を認め合い，そこには触れ合わないことで，いわゆる平和的共存をしているようであった。両者の間には「見えない壁」があり，ある一定のラインからは触れ合わない。だが，そこまでのコミュニケーションを取り合うことで「襟をつかみ合うようなけんか」が生じないように心がけているようである。さらに「相手も同じように考えているだろう」と推測をすることによって，安定した関係を築いているようである。他の合同部室から「合同部室クは仲が悪い」とうわさされていたのは，おそらく，その表面的な白々しい雰囲気のせいかもしれない。しかし合同部室クでは，少なくとも追い出そうとする行動をしているわけではなく，両者の間に「見えない壁」が存在していることによって，平和的共存をしていると考えられる。

　この2つの合同部室内のそれぞれの反応は，Orcutt（1973）のいう逸脱者に対する2つの反応パターンに一致するかもしれない。1つ目は包括的反応（inclusive reaction）であり，2つ目は排除的反応（exclusive reaction）である。包括的反応は，対立行動とそれを含んだ相互作用はそれなりにあるが態度はさほど敵対的でないものであり，合同部室クに当てはまるだろう。排除的反応は，態度次元上の敵対性は強いが，対立行動とそれを含む交互作用そのものの量が少ない反応で，合同部室エに当てはまるだろう。Orcuttは，前者は逸脱者を集団内にとどめておくことを前提とした反応であり，後

者は，集団の本質的な部分に関わるものとして，逸脱者を孤立させることで支配しようとする場合の反応であると述べている。Orcuttの議論からも，合同部室エでは，ホワイトがクレセントを追い出そうとしていると考えられ，集団間関係が協調的・共存的なものであるとは考えにくい。岡本・佐々木（2002）の議論からも，後から参入してきたことがこのような関係の形成に影響を与えたと考えられる。

2) リターン・ポテンシャル・モデルによる団体間の関係の解析

集団間の関係におけるリターン・ポテンシャル曲線から算出される強度とは，どれだけ，ある態度や行動パターンが強く持たれ，その他の態度や行動パターンが持たれていないかを意味する指標であった。また，結晶度は各態度における成員間の評価の一致度を意味する指標であった。合同部室エにおいてもクにおいても，各団体の最大リターン点は一方が「出て行って欲しい」であり，他方が「居ても構わない」というものである。しかし，先述したように両部室における団体間の関係性は大きく異なっていた。このような違いについて，リターン・ポテンシャル曲線とその強度と結晶度によって，その特徴を捉えることが出来る。

合同部室エのホワイトは強度が極端に高く，クのブルーはそれほど高くなかった。つまりホワイト内では排斥的な態度のみを強く持ち，受容的な態度はまったく持っておらず，硬化した態度だといえる。そのためクレセントは，ホワイトの硬化した排斥態度を明確に感じるのだろう。クレセントは自分たちが新参者であることも手伝って，相手の求めるように合わせていくしかなく，その態度は曖昧なものにならざるを得ない。そのようなホワイトの態度は，強度が小さいという形で現れているようである。またホワイトの結晶度は非常に高く，集団内全員が一致した態度を持っていた。クレセントの成員からすれば，ホワイトが一丸となって自分たちを排斥しようとしていると感じているだろう。

反対に合同部室クでは，強度・結晶度とも中程度であり，両団体の間には大きな差はない。つまり，一方の団体の態度が硬化しているわけではなく，

均衡しているともいえるだろう。最大リターン点としてはそれぞれ異なってはいるものの，その強度が強くないことから，それらの態度のみを持っているわけではなく，その他の態度も持ち合わせており，柔軟な対応が出来ると考えられる。このような強度，結晶度の持つ特徴は，先述した聞き取り調査で明らかになった集団間の関係性と一致する。

3） リターン・ポテンシャル・モデルによる集団間関係の測定の可能性

　つづいて，集団間の関係を測定することに，リターン・ポテンシャル・モデルを応用することの価値について述べる。

　まず，マクロレベルで集団間の関係を測定している点が最も重要な点であろう。従来の集団間の関係性について議論した研究では，いわゆる集計データ（直井，1983）が用いられることがほとんどであり，集合データで測定された研究というのは稀であった。

　もちろん，マクロレベルの測定だけが優れているわけではない。そもそも集団現象は，個人もしくは対人関係のレベルのものと，集団のレベルのものによって理解されるものであり，マイクロ，マクロの両レベルによる分析を行うことによって，より正確かつ包括的な研究が可能になるといえる。集団間の関係についても，集団内での個人の態度の成員間の一致度や，その強度についても検討することで，初めて包括的に解析できるといえるだろう。上述したように，リターン・ポテンシャル・モデルを応用した解析の結果は，詳細な聞き取り調査から浮かび上がってくる団体間の関係性をよく反映しており，その妥当性も確からしいといえるだろう。

　また，マクロレベルの集団特性が数量化される点も看過されるべきでないだろう。リターン・ポテンシャル曲線から算出される強度，結晶度というマクロ指標からは，記述的統計的代表値からは分からない集団間の関係を読み取ることが出来る。第1章で指摘したように，集団間の関係の研究は政治学や社会学からのアプローチが多く，記述的な研究が多かった。特にマクロレベルで集団間の関係を捉えようとする場合，記述的にならざるを得ないことが多かった。しかし，本研究で用いた測定手法によって，集団間の関係につ

いての量的測定の可能性が生まれ，さらなる研究の進展が望めるだろう。受容－排斥という態度次元を用いていることから分かるように，特にマイクロ・マクロ分析への可能性も拡がる。

　デメリットとして，測定の煩雑さが挙げられる。1つのリターン・ポテンシャル曲線を描くのに，複数の質問に答えてもらわなければならない。そのため，一般的な測定法に比べれば，調査対象者への負担が大きくなる点は否めない。また，本研究では行わなかったが，本来ならば事前に横軸である行動次元の各行動について，一次元性の確認をする必要もあるだろう。

　しかし，いずれにせよ集団間の関係についてマクロレベルから分析をした研究は少なく，マイクロ・マクロ問題の解決のためにも，大きな一歩となるのではないだろうか。

第7章
共有集団イメージ法を用いた集団間関係の解析の試み

第1節 問題

　第6章では，集団間の関係性をマクロレベルで捉える方法としてリターン・ポテンシャル・モデルの応用について議論した。本章では，集団間の関係性をマクロレベルで捉えることに加え，集団間の関係性についてマイクロ・マクロ2つのレベルから同時に測定し解析するための方法を提案することである。具体的には，2つの方法を用いる。1つめの方法は，ある集団あるいは集団のメンバーに対して人びとが抱いているイメージ，情報，認知を元にして集団と集団の境界を決定しようとする試みである。そして，2つめの方法は等高線マッピング（小杉・藤原, 2004）を応用した測定の試みである。

1) 集団間関係の研究におけるマイクロ・マクロ問題

　集団間の関係についてのマイクロ・マクロの問題は，第6章で指摘したとおりである。要約すれば，集団間の関係について，集合データの測定が行われてはいるものの，多くの集団研究では，個人データの記述的統計的代表値に基づく「集計データ（直井, 1983）」が計量されており，マクロレベルの測定による分析が十分に行われてはいないということと，マイクロ・マクロの関係性についての議論が十分になされてはいないということである。
　本章では，集団間の関係性について論じる際のもう1つの問題を扱う。それは，ある1つの集合体を測定する際には，上述の問題に加え，複数の集団

によって構成される上位の集合体が形成されているということである。ある集合体の問題を扱うとき，それを構成する個人同士の相互作用に基づく，集合体の特性に関するデータが存在する。それと同様に，集団間の関係性を全体として捉えようとするときには，それを構成する（下位の）集団同士の相互作用に基づく，（上位の）集合体に関するデータが存在するといえる。例えば，集団 A について論じる際には，集団 A に関するマクロデータと，それを構成する個人のマイクロデータがある。集団 A・B・C の関係性について論じる際には，それぞれの集団に関するマイクロデータ・マクロデータの他に，集団 A・B・C，3 つの集団の関係性を表すマクロレベルの指標をデータ化する必要がある。

　このような（上位の）集団間の関係性に関して Kapferer（1967）に代表される社会ネットワーク分析がある（Carrington, Scott, & Wasserman, 2005; Wasserman & Faust, 1994）。例えば国際間の関係性に関する研究や（Bornschier & Chase-Dunn, 1999 など），組織間の研究（Burt, 1992 など）もある。しかし，社会心理学やグループ・ダイナミックスの領域において，このような集団の（上位の）集合体に関するデータを測定，解析した研究というのはまれである。数少ない研究例としては，SIMSOC を用いた広瀬（1988）の研究があげられる。広瀬（1988）は，物流や資金の流れによって集団間の関係性を示し，集団の（上位の）集合体というレベルでの分析を試みている。このレベルでのデータは，杉万・矢守（1993）の分類の②に該当する集合データである（第 6 章参照）。しかし，各集団の物流や資金については，（集団を単位とした）個人データの記述統計的代表値を用いている。つまり，マイクロデータをもとにしてマクロデータを集計し，それをもとに（上位の）集団間の関係性について論じていることになる。しかし（上位の）集団間の関係性を論じるにあたり，このように個人のデータを加工してマクロデータを導出するという，間接的な手法は望ましいとはいえないだろう。そのため，新しい手法を考案する必要があるといえる。

2) 共有集団イメージ法による集団間関係の測定

　社会心理学における集団間研究のメタ理論の1つとして，Social Identity Theory (SIT; Tajfel, & Turner, 1979) や Self- Categorization Theory (SCT; Turner, 1987) がある。これらの理論では集団間の関係の規定因として，自分の所属する集団を内集団，所属しない集団を外集団として認知することを挙げている。大まかに言えば，内集団と認知されたメンバーには好意的な態度・行動をとるが，外集団と認知されたメンバーには非好意的な態度・行動をとるのである。しかしSCTでは，自己を内集団の一員としてカテゴリ化する際の認知プロセスについて言及しつつも，それを集団間の関係にまで拡張するにはいたっていない。多くの研究では集団のカテゴリを所与のものと見なし，その変化プロセスについては十分に議論していないのが実情である。

　また，SCTでは内集団の同質性と外集団に対する異質性の対比というメタ・コントラスト比から，内集団の成員性が規定されるとされている。このことを集団間の関係に応用すると，外集団としてカテゴリ化されている集団と内集団とのメタ・コントラスト比が低い場合には，その外集団は内集団の一部として認知されると考えられる。上述した研究が示唆することは，集団間での行動や態度が，集団間の関係性をいかに認知しているのかという"集団間関係の認知マップ"とでもいうべき認知的表象の影響を受けているということである。

　認知マップ（領域によっては認知地図・メンタルマップ・イメージマップなど）とは，人が外的環境である物理的・地理的空間を認知した結果として生成される，内的表象（イメージ）としての地図であり，もともと地理学や認知心理学・学習心理学で用いられてきた概念である。行動地理学の分野では，居住地選択や移動の経路選択には実際の地図よりも，メンタルマップが大きく影響することなどが確認されている（若林, 1992, 1999 など）。さらに，実際の地図よりも，共有されるメンタルマップを基盤として形成された（社会的・心理的）リアリティによって，態度や意思決定，行動が規定されるという指摘もされている（内田, 1987）。つまり，集団間の関係性においても，その関係性についての認知マップ，特に内集団で共有される認知マッ

プが，他集団に対する態度形成や，行動に重要な意味を持つと考えられる。

　そこで本研究では，集団間の関係性を測定するために，共有集団イメージ法（shared group image method）という手法を考案した。これは，ある集団あるいは集団のメンバーに対して人びとが抱いているイメージ，情報，認知を元にして，集団間の関係の認知マップを描き，集団と集団の境界を決定しようとする手法である。対象とされる複数の集団について，共有されるイメージや情報の共変性をもとに数量化Ⅲ類（林，1974）による分析を行うことで，集団間の関係性を描こうとするものである。

　通常，イメージを測定する際にはSemantic Differential法（Osgood, Suci, & Tannenbaum, 1957; 岩下，1983）による測定が行われることが多い。しかし，研究者が事前に用意したイメージに限定されるという問題があるため，本研究では各集団に対するイメージを自由記述によって尋ねることとした。そして，自由記述内の単語の共頻度を算出したクロス集計表をもとに数量化Ⅲ類の1つである対応分析を行う。集団というカテゴリデータとの対応分析を行うことで，各集団の布置が求められ，集団間の関係に関する認知マップを描くことが可能となる。例えば集団Aと集団Bに関する記述において，ある単語の共頻度が高ければ，両集団は類似性が高いことを意味しており，n次元空間に布置される際には集団Aと集団Bは近接する。それに対して，集団Aと集団Cのイメージについて，同じ語句がまったく現れていなければ，両集団の類似性は低く，数量化Ⅲ類の分析の結果では，集団Aと集団Cは離れた位置に布置される。さらに，このようにして得られた座標をもとにしたクラスター分析の結果は，認知された集団間の類似性の高さを意味しており，客観的な集団カテゴリではない主観的なカテゴリを反映していると考えられる。つまり，同じクラスターに分類された集団同士は，複数の集団からなる上位集団として認知されているということを意味しているし，異なったクラスターに分類されている集団同士は，所与の客観的カテゴリにおいてだけでなく，主観的なカテゴリにおいても，客観的集団カテゴリが意味を持っているということになろう。つまり，集団が布置されたn次元空間に描かれたクラスター分析の結果は，主観的な集団間の境界線を意味していると考えられる。個人が認知する（上位の）集団間に関する関係性のデータ

をもとにしていることからも，この解析法は杉万・矢守（1993）でいえば②のデータの分析を，集団間の関係性というレベルで行っていることになる。

　また，多くの集団研究では，マイクロ・マクロの変数が同時に分析されることが少ないという問題点を指摘した。しかし，双方のレベルから同時に分析されることが望まれることは言うまでもない。特に，集団間の関係性（マクロ）と個人の態度（マイクロ）について同時に分析する際には，1点目の問題点と同様に，（下位）集団レベルのマクロな指標と個人の態度の分析ではなく，集団間の関係性の指標と個人の態度との関連性について検討されるべきである。そこで本研究では，小杉・藤原（2004）の提案した等高線マップモデルと呼ばれる手法を応用することにした。

　等高線マップモデルは Abelson（1954-55）のアイディアをもとにしており，多次元尺度構成法（MDS）などによって得られた態度対象の類似性空間上に，各対象に対する好意度の強度を描くことを可能にしている。等高線マップモデルにおいて，好意度は他の対象に対する誘因価（valence）と考えられている。各対象がもつ誘因価は，その値と距離を関数として空間上のあらゆる点に力を与えており，全ての誘因価から発生した力を加算的に加えることで各点の誘因価が決まる。そして，等しい誘因価をつなぐことで等高線が描かれる。このように MDS によって布置された各対象の上に，別次元として誘引価としての好意度を付加することで，ひとつの類似性空間の上に好意度の次元が描きこまれることになる。

　また，Abelson（1954-55）によれば，丘と谷の険しさは緊張（tension）の指標である。誘因価ゼロの等高線が高い緊張領域の真ん中にある場合には，強い葛藤（conflict）が存在することになる。つまり類似性の評価と自分の好意度の評価の間に整合性がとれず，緊張や不快を感じていることである。また，2つ（あるいはそれ以上）の高い丘が別々に位置している場合には，その領域は未統合（unintegrated）ということができる。

　例えば小杉・藤原（2004）は，日本プロ野球のセントラル・リーグに属する6球団（横浜・広島・中日・巨人・ヤクルト・阪神）を対象にした調査を行っている。彼らは，これら6球団の類似度を一対比較によってたずね，そこから対象間の距離行列を作成しMDSによって6球団の多次元布置を求め

ている。そして，その類似性の認知空間に各球団に対する個人の好意度を同時に描き，好意度を認知空間にはたらく力の強さとしてとらえ，それを高さとして表現している。このように描かれた等高線マップから，ひいきの球団と他球団の間にみられる心理的緊張や葛藤，ズレ（discrepancy）を読みとっている。

本研究では，自由記述をもとにしたイメージの類似性という指標をもとに，（上位の）集団間レベルにおける集団間の関係性空間を描き，そこに個人の好意度を誘因価として求めることで等高線マップを描く。このようにして描かれた等高線マップには，マクロレベルでの集団間の関係性における，個人の心理的緊張や葛藤を読み取ることができる。こうすることで，マクロレベルでの集団間の関係性とマイクロレベルでの個人の態度の関係を検討することが可能になる。

第2節　方法

実験参加者

大学生264名（男性123名・女性141名）が，心理学関連授業の体験学習のひとつとしてゲーミングに参加した。ゲーミングは8回行われ（AコースからHコース），各コースの参加者は31名から40名であった。

手続き

仮想世界ゲーム：本研究ではデータ収集の手法として仮想世界ゲーム（SIMINSOC; 広瀬, 1997）を改定したゲーミング（加藤・野波・岡本・藤原, 2005）を採用した。ゲーミングのルールの詳細は広瀬（1997）と加藤ら（2005）のとおりであるが，ここでは本研究の目的に関連するルールの骨子を概説する。

そもそも，仮想世界ゲーミングは集団（地域）間の葛藤や協同の過程をシミュレートしたゲーミングであり，図7-1のように東・西・南・北の4地域が設定されている。参加者はそれぞれの地域に7〜8名ずつで振り分けられ，地域内・間の交渉を通じて食料や賃金を獲得し，自らの生存基盤の確保

と自己の資産を拡大していくことを目標としている。この目標を達成するために，4地域すべてに政党が設定されており，各地域内で1名が政党主の役割を担う。その他にゲーム内の食糧を生産する農園と，経済活動を行う企業がある。各参加者は企業に雇用されることで賃金を獲得し，その賃金をもとに農園から食料（チケット）を購入することで生存基盤を確保する。一方で企業の側からみると，一定の資金と労働力がなければ企業生産を行うことはできない。ただし，農園と企業が設置されるのは北・西地域のみで南・東地域には設置されない。そのため，北・西地域は，資源の点で東・南よりも有利な地位にあるといえる。さらに北・西地域には初期資金として南・東地域の2倍の資金が与えられている。これらの地域間の資源格差は，集団間葛藤の発生の一因となる。

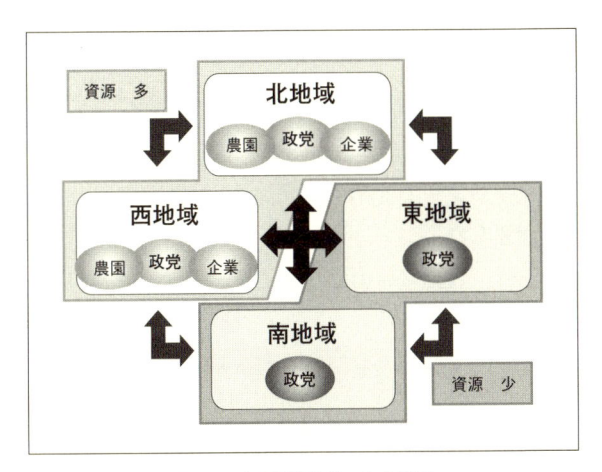

図7-1　仮想世界ゲームの世界

　ゲームの世界は，1セッション45分の7セッションから構成されており，参加者はセッションごとに食料の確保や，そのための就労（企業に労働チケットを売ること）をしなければならない。食料を2セッション連続して確保できない参加者は「餓死」し，ゲームへの参加が出来なくなる。このとき，

北・西地域には農園や企業があるため，食料の確保や就労が比較的容易であるが，南・東地域のメンバーは北・西地域の農園主や企業主と交渉することで，それらを獲得しなければならない。しかし政党主・農園主・企業主などの役職者（申請をすることで環境団体・宝くじ団体・労働組合の各役職者になることも可能である）以外のメンバーは，他地域への移動に金銭的コストが必要になり，他地域への移動は実質的に制限されているといえる。

また，北・西地域は労働力と資金を集めて企業生産を行うのだが（ただし企業生産は各セッション1回限り），生産規模の大小によって1生産によって得られる利益率が異なり，徐々に格差が作られていくことになる。こういった企業の生産は，環境問題の発生率を増減させる。環境問題の発生は多くの参加者の「死亡」につながるため，環境問題を解決する必要がある。環境問題解決のためには，4つの地域が協同しなければ解決不可能な共通課題が用意されている。

実験の手続き：本研究では，参加者の役職をランダムに与えた。ゲームは校舎の1フロアを利用し，4つの教室に各地域を割り当て，各地域をつなぐ廊下の中央に進行係の空間を配置した。また交流時間を測定するため，磁気付きIDカードを参加者それぞれに渡し，各地域の出入り口にカードリーダー・メモリを設置した。このカードリーダー・メモリはタイムレコーダーの機能を備えており，各地域への滞在時間を測定することが可能である。また，第3セッション終了時，第6セッション終了時にゲーミング世界に関する「世論調査」という名目で，質問紙を配布し回答を求めた。

測定項目

①各地域の印象についてSD法を用いて，好ましさに関する「好ましい−好ましくない」「明るい−暗い」「優しい−こわい」「協力的−非協力的」の4項目と，活動性に関する「積極的−消極的」「強気な−弱気な」「理性的−感情的な」の3項目の合計7項目をたずねた。

②自分の地域を含む4つの地域のイメージについて思いつく限り自由に記述させた。

③各地域間で行われた交流時間を測定するため，「他地域への入国・出国

の手続き」として各地域への出入りの際にIDカードをカードリーダー・メモリに通してもらい交流時間を測定した（Dコースについては，計器の不備のため測定されなかった。そのため，交流時間を含んだ分析については7回分のデータで分析した）。

第3節　結果（データの解析と解釈）

1) 印象評定の因子分析

表7-1は，得られたデータに因子分析（最尤法・プロマックス回転）を行った結果である。共通性が0.30以上，固有値1.0以上を基準として項目を選定した結果，「理性的」の項目が除外され，6項目で2因子構造が抽出された。第1因子は「優しい」「協力的」という項目への負荷が高いことから「好意度因子」と命名した。第2因子は「強気」「積極的」の項目への負荷が高いことから，「積極性因子」と命名した。各因子のクロンバックの信頼性係数αは好意度因子（4項目）が$\alpha=.88$，積極性（2項目）が$\alpha=.74$であった。積極性因子については2項目と因子を構成する項目数が少ないことから分析からは除外した。

表7-1　印象評定の因子分析の結果

	好意度因子	積極性因子	h^2
F1: 好意度因子（$\alpha=.88$）			
優しい	0.94	−0.19	0.62
協力的	0.84	0.02	0.63
好ましい	0.80	−0.02	0.57
明るい	0.66	0.22	0.58
F2: 積極性因子（$\alpha=.74$）			
強気	−0.19	0.81	0.38
積極的	0.22	0.75	0.55
固有値	3.45	1.25	3.33
因子間相関		0.47	

2) 解析1：共有集団イメージ法による集団間関係の解析

　自由記述の内容をテキスト・マイニングの手順（岡本，2005）に従い，分析を行った。まず，自由記述の内容を分かち書きによって単語ごとに分割し，助詞・助動詞・接続詞などイメージとは関連性の低い語句をのぞいた。その後，表7-2の語句を置換処理し，その上で，大隅（2002）や清水・小杉（2005）を参考に出現頻度の割合と分析後の累積寄与率の推移から頻度が6以上の語句のみを分析対象として選定した。このようにして得られた語句に対して，評価対象地域（セッション別）との対応分析を行うことで，各語句と地域の座標を求めた。各要素間の距離はそれぞれの関係性の強さを意味しており，距離が近いものが主観的に近い存在だと認知されていることになる。なお，分析にはWordMiner1.130（日本電子計算株式会社）を用いた。その後，求められた座標を布置し，それをもとに階層的クラスター分析（Ward法）を行った。

表7-2　置換語のリスト

置換前	置換後	置換前	置換後
おもしろそう	→ おもしろい	自立	→ 自立的
おもしろ	→	失業者	→ 失業
労働者	→	楽しそう	→ 楽しい
労働力	→ 労働	楽しさ	→
労働力チケット	→	共栄	→ 共生
寄付	→ 寄付金	上手く	→ 上手い
環境税	→	上手	→
環境改善	→	みなさん	→ みんな
環境意識	→	安泰	→ 安定
環境浄化	→	影響力	→ 影響
環境保全	→ 環境対策	世界中	→ 世界
環境的	→	全世界	→
環境リスク	→	全地域	→ 全体
環境団体	→	全体的	→
環境	→ 環境問題	熟考	→
環境汚染	→	思慮	→ 考える
かわいそう	→ 気の毒	思考	→
非協力的	→ 非協力	考えて	→

置換前	置換後	置換前	置換後
生き残る	→	行動的	→
生き延びる	→	行動力	→ 積極的
生き延びて	→ 生存	積極性	→
生き残り	→	全額	→ 全財産
生きる	→	総資産	→
社会主義国	→	連携プレー	→ 連携
共産的	→ 社会主義的	連結	→
共産主義	→	平和	→ 平和的
自分の地域	→ 自地域	平和主義	→
自国	→	活発	→ 活動的
自己的	→	アクティブ	→
わがまま	→	豊かに	→ 豊富
自分勝手	→ 自己中心的	仲が良い	→ 仲良し
自分中心	→	仲良く	→
利己的	→	同盟国	→ 同盟
貧民	→	やりとり	→
激貧	→	取引	→ 交渉
貧しく	→	話し合う	→
貧しさ	→	話し合い	→
貧しそう	→ 貧しい	貢献度	→ 貢献
極貧	→	貢献的	→
貧困	→	資金	→ 資産
貧乏	→	資源	→
貧国	→	独裁者	→
ホント	→ 本当	独裁的	→ 独裁
ホンマ	→	独裁制	→
明る	→ 明るい	独裁者制	→
明るさ	→	対策	→ 対応
良かった	→ 良い	対処	→
良し	→	寛容的	→ 親切
結束力	→	優しい	→
結束	→ 連帯感	強そう	→
連帯的	→	強さ	→ 強い
連体的	→	強み	→
計画性	→	強引	→
計画的	→ 計画	強調	→ 強気
計算的	→	強調的	→
計算	→	一致団結	→ 団結
嫌だ	→	団結力	→
嫌な	→ 嫌	国	→ 地域
嫌い	→	仲間意識	→ 仲間

置換前	置換後	置換前	置換後
好意的	→	餓死	→
好感	→ 好印象	飢餓者	→ 飢餓
好意度	→	信頼関係	→ 信頼
協調	→	賢く	→
協調的	→ 協力的	えらい	→ 賢い
協力	→	賢明	→

全地域のイメージによる集団間関係の解析

図7-2は，8回行われた中の1つであるAコースを例に，各地域のイメージについて評価対象地域とセッションとの対応分析を行った結果である。用いたデータは東西南北すべての地域のデータである。対応分析の結果3次元が抽出され，得られた3次元の座標をもとに階層的クラスター分析を行った。累積寄与率が2次元で78％を超えており，十分な説明力があることからここでは2次元での布置を示した。また，図中の円はクラスター分析の結果を反映させたものであり，矢印は各地域のセッションによる移り変わりを現している。図7-2から，第3セッション時には東地域と南地域が「貧しい」「生存」「守る」といった1つのイメージとして認知されており（クラスター5），資源的に不利である両地域が連携して世界の中で活動を試みていることがうかがえる。またその一方で，西地域は「賢い」が「恐い」存在でお金を稼いでいるというイメージとして孤立した存在であることが分かる（クラスター1）。この西地域のイメージは，第6セッションでも大きく変わることはないが，東地域との交流が増えたことが影響して，西地域は東地域と同じカテゴリとして認知されている（クラスター3）。また，北地域はセッションを通じて，有能なリーダーが常に世界全体のことを考慮しながら友好的な態度を持っていると認知されている（クラスター2）。第6セッション時には，北地域は南地域との距離が若干近いものの，全般的にどの地域とも均等な位置関係にあるといえる。また，1ランク上の階層のクラスターを採用した場合，クラスター1とクラスター3でクラスター化され，クラスター4とクラスター5でクラスター化される。

布置された語句の内容から軸の解釈を試みると，図の左下から右上に向か

う軸は「友好的」から「支配的・厳格」を意味していると解釈でき，図の左上から右下に向かう軸は，「裕福」から「貧困」という意味だと解釈できる。いずれの地域も第3セッションから第6セッションにかけて右下から左上へ移動していることから，世界全体の関係は友好的で裕福な世界へと移り変わったことが分かる。

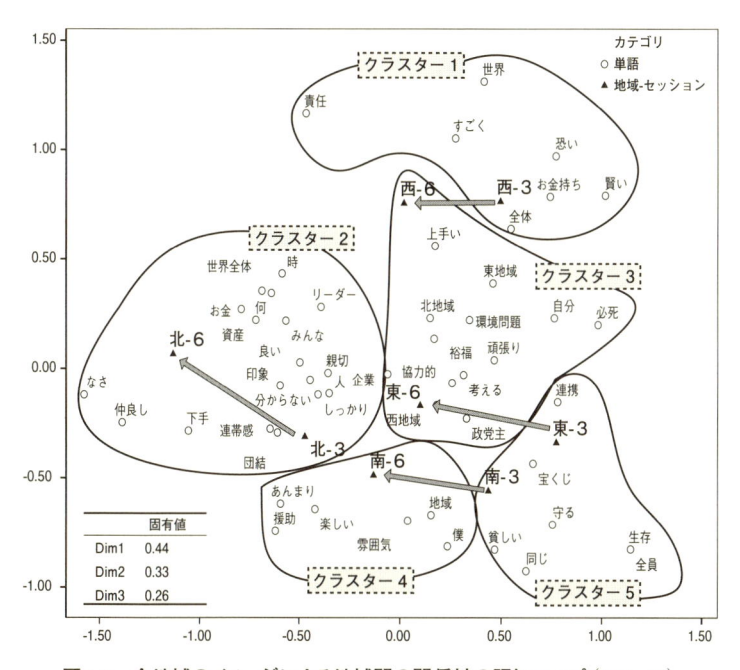

図7-2　全地域のイメージによる地域間の関係性の認知マップ（Aコース）

地域ごとのイメージによる集団間関係の解析

図7-3から図7-6は，地域ごとの地域間の関係性認知を表したものである。全地域の分析の場合と同様の手続きを，地域ごとに行っているが，データの数の問題から，セッションの区別はなくして分析を行った。なお，図中の「自」とは自分の地域を意味している。

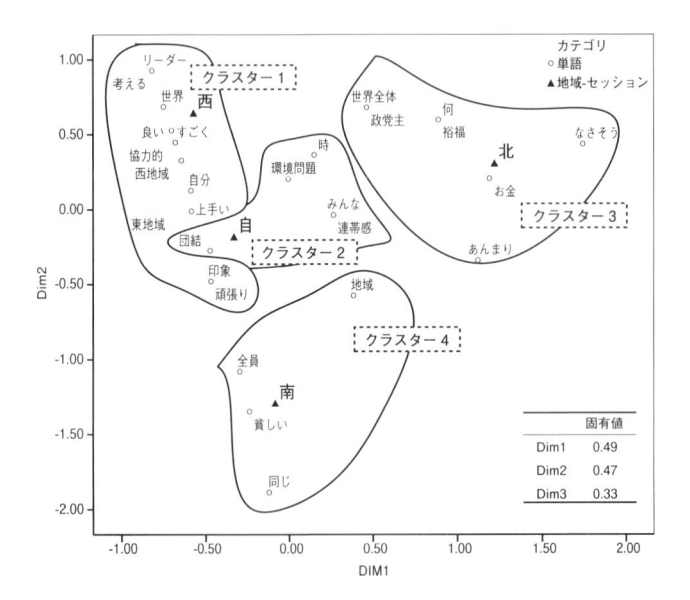

142　第3部　マクロレベルでの集団間関係の測定

図7-3　地域別のイメージによる地域間の関係性の認知マップ（Aコース；東）

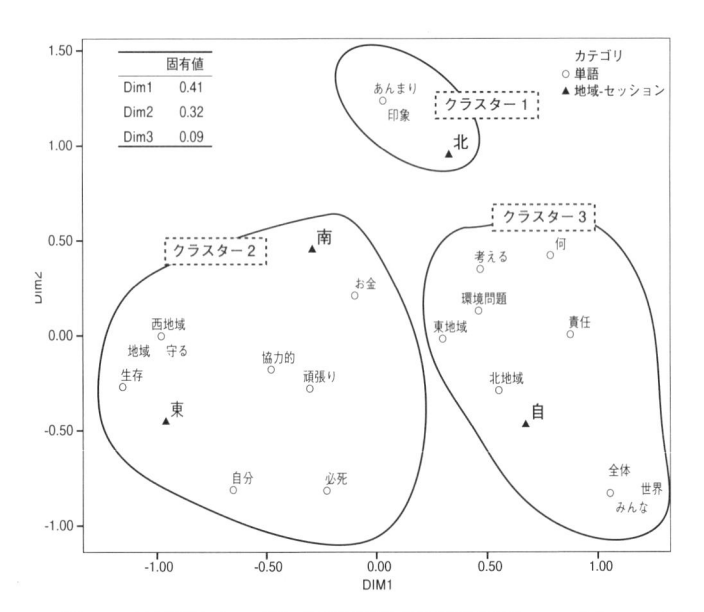

図7-4　地域別のイメージによる地域間の関係性の認知マップ（Aコース；西）

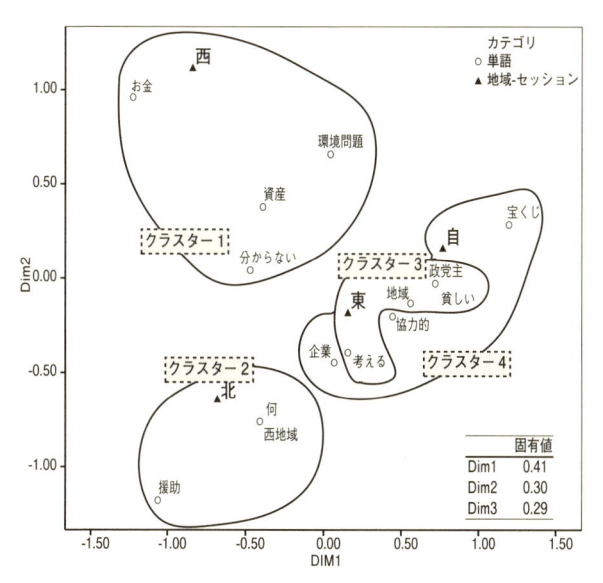

図7-5　地域別のイメージによる地域間の関係性の認知マップ（Aコース; 南）

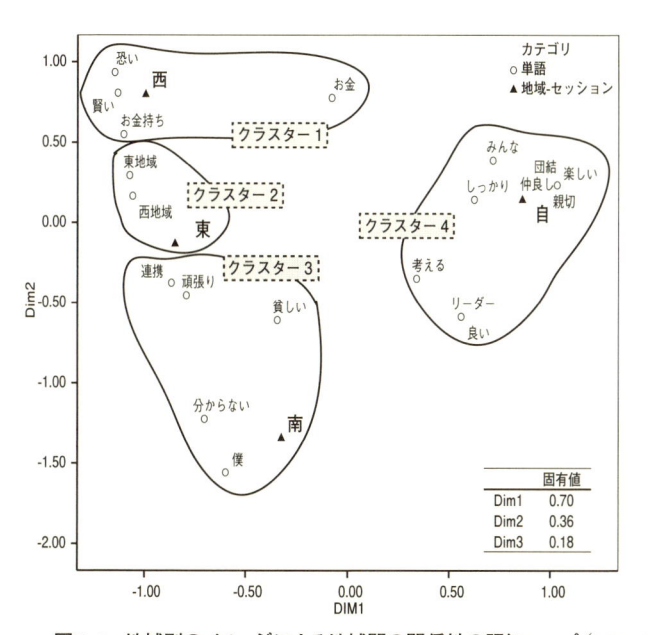

図7-6　地域別のイメージによる地域間の関係性の認知マップ（Aコース; 北）

例えば，図7-3は東地域のメンバーが持っている地域間の関係性の認知マップである。西地域に対するイメージは，友好的で協力的，世界全体を考えているというポジティブなイメージであり（クラスター1），自分たちの地域のイメージ（クラスター2）と重なる部分が多く，近い位置に布置されている。南地域に対しては貧しさを中心としたイメージが強く（クラスター3），その点において自分たちの地域のイメージと重なると認知しているようである。一方で，西地域のメンバーによる関係性の認知マップ（図7-4）では，自分たちだけが世界全体を考えている地域であり（クラスター3），東地域が認知しているほど，西地域のメンバーは東地域を自分たちと同じイメージではとらえていないようである。むしろ西地域のメンバーにとって，貧しいというイメージを共有する点で，東地域は南地域と同じにイメージとしてとらえている（クラスター2）。

南地域の地域間の関係性の認知である図7-5は，具体的なイメージに関する語句が少なく，明確な結果を解釈することはできない。その理由として，南地域は最も貧困の進んだ地域であったため，他の地域への移動が極端に少なかったことが考えられる。

また，図7-6は北地域のメンバーが認知する地域間の関係性である。彼らは自分たちの地域のみが協力的で友好的な態度を持った地域と捉え，その他の地域についてはいずれもネガティブに認知しているようである。

共有集団イメージ法による集団間関係と各変数間の関連

図7-7は，好意度の得点をセッションごとに表したものである。得点の高いものほど好意的な評価をしている。なお，第3セッションと第6セッションの間でt検定を行った結果を，第6セッションの図中に示した。この結果から第3セッション時点では，地域間の明確な結びつきは見られないが，第6セッション後には，東地域から西地域に対する好意度は高まり，東地域から南・北地域への好意度は低下し，南・北地域から西地域に対する好意度も低下している。その結果，東西地域の間や，南北地域の間の好意度はいずれも3を上回っているのに対して，東西地域と南北地域の間の好意度は2つをのぞいて3を下回っており，第6セッション後は，南北地域と東西地域とい

う大きな2つの集団の関係に発展したと考えられる。

　次の手順に従い，共有集団イメージ法による集団間の関係と客観的な集団間関係に関する指標との関連性の検討を行った。まず，7コースそれぞれの地域ごとの集団間の関係の認知（Aコースの例では図7-2）の各地域の座標をもとに，セッションごとの各地域間の主観的距離を求めた。また，交流時間は，相手の地域に訪ねていく往訪時間と，別の地域から訪ねてこられる来訪時間を地域ごとに求めた。それらのデータをもとにした相関分析の結果，主観的距離と来訪時間の間に強い負の相関（$r=-.50$）が認められた（表7-3参照）。つまり，来訪時間が長いほど近くに布置されていることになる。また集団間の主観的な距離は相手の地域への好意度と中程度の負の相関が認められる傾向であった（$r=-.37$）。

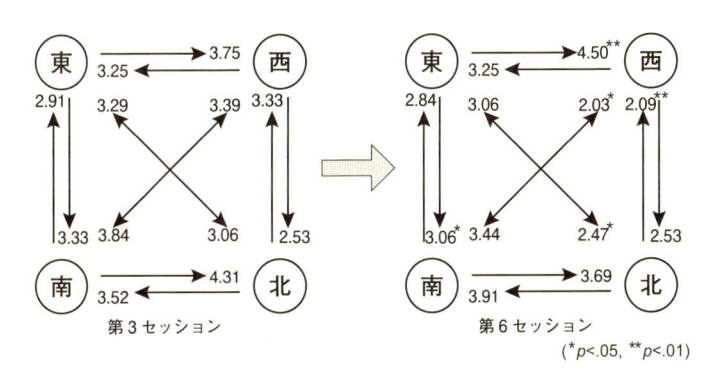

図7-7　セッション別の地域間の好意度の平均値（Aコース）

($^*p<.05$, $^{**}p<.01$)

表7-3　各測定項目間の相関

	往訪時間	来訪時間	好意度(集団の平均)
地域間の主観的距離	0.27	−0.50*	−0.37†
往訪時間		−0.19	−0.12
来訪時間			0.26

($n=42$; コース(7)×前後セッション(2)×相手地域(3))

$^*: p<.05,\ ^†: p<.10$

3) 解析2：等高線マッピングによるマイクロ・マクロの解析

　小杉・藤原 (2004) を参考に，等高線マップによるマイクロ・マクロの関係性の解析を試みた。ここでいうマクロデータは各地域のイメージをもとにした集団間の関係性のことであり，マイクロデータは個人の各地域に対する好意度である。マクロレベルでの集団間の関係性を求めるため，解析1と同様の方法で，集団のイメージの自由記述の内容と評価対象地域との対応分析を行い，各地域の二次元空間の共通布置を求めた。ただし，セッションの区別はなくした。その後，誘因価と呼ばれる場にはたらく力を数式7-1に従って算出した。なお，$V(P)$ は座標Pに加わる誘因価を，$V(j)$ は各対象に対する好意度評定を，d_{jp}^2 は jp 間の距離を意味している。つまり，ある座標点には4つの地域に対する評価（好意度）から発生した力が加算的に加わり，一つの誘因価が定まることになる。数式7-1によって求められた座標点ごとの誘因価の等しいところに線を引くことで等高線とした。等高線の数は理論的には無限に引かれるため，図中に表現した等高線の数は $V(P)$ の最大値と最小値の値を7等分し8本とした。

$$V(P) = \sum_{j=1}^{n} \frac{V(j)}{1 + d_{jp}^2} \qquad \text{(数式 7-1)}$$

　図示された中身を説明すると，丘と谷の勾配は緊張を意味しており，勾配が険しいほど対象間の心理的距離に隔たりがあることを意味している。つまり，マクロレベルでの対象間の類似性の認知に比べて，好意度の評定では対象間の好悪の差が大きいことを意味している。両者が一致する場合は，統合された状態といえ（Abelson, 1954-55），等高線は等間隔に描かれ同心円状となる。また，（所属集団への好意度が最も高いとすれば）自分と同じ丘にいる対象は，好意度が高い存在であり，その頂が広ければ類似していない（と認知されている）対象に対しても強い好意を持っていることになる。反対に，頂が狭ければ，好意的な対象が限定的であるといえる。また，谷は非好意的な評価を意味している。対象に対する誘因価とその周辺の誘因価に大きな差があれば，特にその符号が逆であるような場合，その状況は不安定だ

といえる。

　図7-8から図7-11はAコースを例に等高線マッピングによる解析を行った結果である。例えば図7-8-1は東地域のメンバーの典型的なパターンである。等高線の濃淡の差はあるが，9名中6名が同じパターンの等高線を描いている。マクロな関係性において，東地域は南地域との類似性が高く「貧しい地域」として認知されている。しかし同じ頂に東地域と西地域が布置されているように，このメンバーたちは南地域に対してよりも西地域に対して好意を強く感じている。また，北地域との間の勾配は険しく，全体的な関係性以上に否定的な感情を抱いており，そこには緊張を感じているといえる。それに対して，図7-8-2や図7-8-3では，等高線は比較的等間隔な同心円状に広がっており，Abelson（1954-55）の用語を使えば統合されているといえよう。

　図7-9-1は，西地域のメンバー8名のうち3名にみられたパターンである。図7-8-2や図7-8-3と同様に同心円状に等高線が拡がっており，安定した関係を作っていることが分かる。その一方で図7-9-2をみると，西地域とその他3地域の間に急な勾配があり，自分の地域以外の3地域に対して非好意的な評価をしていることが分かる。このようなパターンを示す者が3名いた。図7-9-3は図7-9-2にくらべて，東地域，南地域までの勾配は緩やかで，北地域との間の勾配のみが急であり谷になっている。つまり，マクロな関係性で描かれている以上に北地域へは非好意的な態度を持っているのである。

　図7-10-1は，南地域のメンバー8名のうち3名に見られたパターンである。西地域との間にやや険しい勾配が見られるが比較的等間隔な同心円が描かれている。つまりマクロな関係性と個人の好意度の間にズレがなく，安定している。また南地域の4名は図7-10-2と同様の等高線となった。比較的等間隔な同心円ではあるが，頂が北地域方向へと拡がっており，北地域への好意度がマクロな関係性以上に高いことが分かる。図7-10-3をみると，画面の左上から右下に2つに分割されている。東地域や西地域に対する好意度が極端に低いため，等高線の間隔は狭く勾配は急である。反対にマクロな関係性では遠い存在の北地域への好意度が極端に高く，そのため等高線の間隔

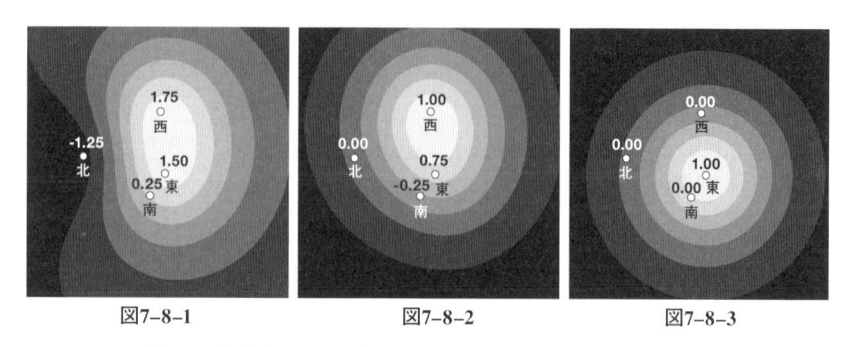

148 第3部 マクロレベルでの集団間関係の測定

図7-8-1　　　　　　図7-8-2　　　　　　図7-8-3

図7-8　等高線マッピングによる集団間関係の記述（Aコース; 東）

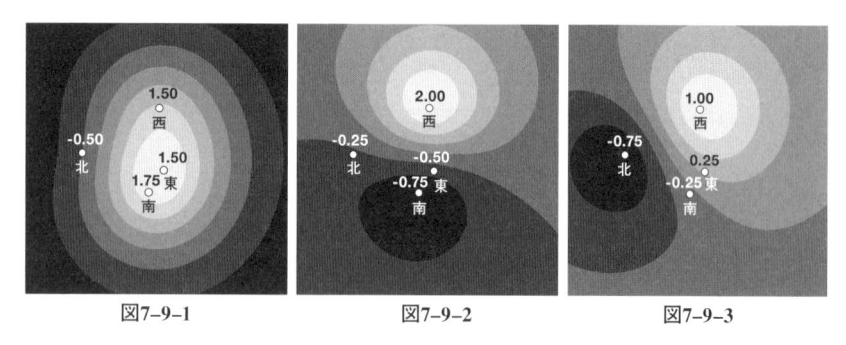

図7-9-1　　　　　　図7-9-2　　　　　　図7-9-3

図7-9　等高線マッピングによる集団間関係の記述（Aコース; 西）

図7-10-1　　　　　　図7-10-2　　　　　　図7-10-3

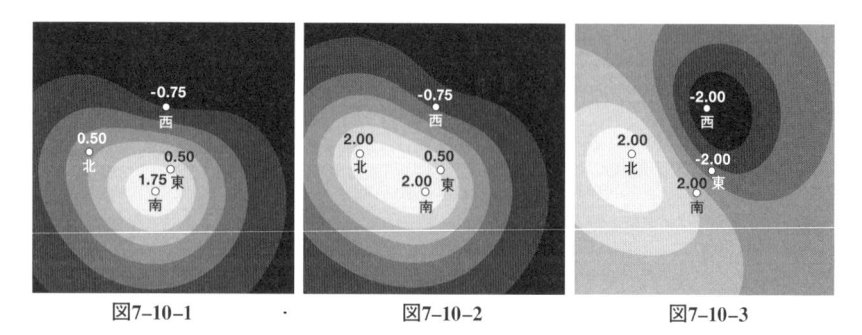

図7-10　等高線マッピングによる集団間関係の記述（Aコース; 南）

第7章　共有集団イメージ法を用いた集団間関係の解析の試み　　149

| 図7-11-1 | 図7-11-2 | 図7-11-3 |

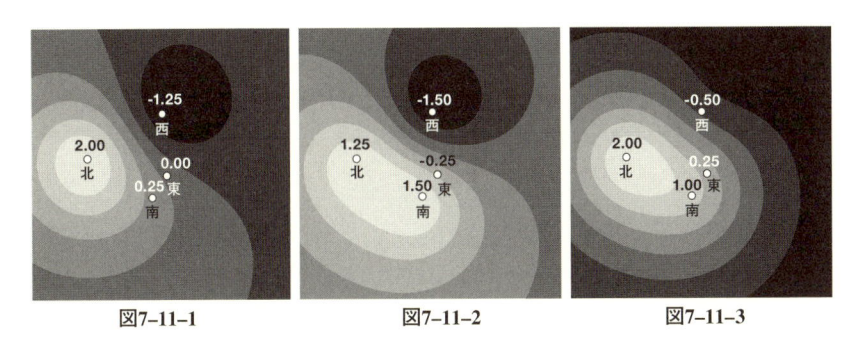

図7-11　等高線マッピングによる集団間関係の記述（Aコース; 北）

は緩やかである。

　図7-11-1は，北地域8名のうち4名に見られたパターンである。南地域方向に対しては等高線の間隔は緩やかで，マクロな関係性以上に南地域へは好意を抱いているが，西地域方向に対しては等高線の間隔は狭く，非好意的な感情を抱いている。図7-11-2は3名が同様のパターンを示していた。図7-11-1よりもさらに南地域への好意度が高く，同じ頂に布置されている。それに対して，東地域に対しては非好意的な態度を持っているため，南地域との間にやや勾配がついている。図7-11-3は，比較的等間隔な同心円が描かれており，マクロな関係性と同じ程度の態度を持っていることが分かる。

　図7-8から図7-11を通してみると，33名中14名（42.42％）の等高線マップは，比較的等間隔の同心円を描いており，残りの19名（57.58％）が勾配に偏りの多い等高線を描いていた。偏った勾配の理由をみると，ある1つの地域に対して極端にネガティブな評価をしていることが主な原因である。この19名は，各地域に対して，世界全体で認知されている関係性とは異なった心理的距離を持っていることであり，同心円を描いた人に比べて居心地の悪さや，現在の関係性に対する違和感といった心理的葛藤を感じることが多いと予想される。

第 4 節　総合考察

　本章の狙いは，集団間の関係性をマクロなレベルで解析するための方法を提案することと，マイクロ・マクロ 2 つのレベルを同時に解析することであった。具体的には (1). 集団イメージの類似性データをもとに集団間の関係性を図示し，(2). 集団間の境界線の抽出を試み，(3). マイクロデータとの関連性を検討した。そのため本稿では，ゲーミング世界において収集されたデータが意味することやその内容についての解釈や議論をあまり行わなかった。あらためて，本研究の目的 (1)～(3) に従って本研究の成果・今後の可能性や問題点をまとめておく。

　まず (1) の成果について述べる。従来の集団間関係の研究では，ある対象への好悪や信頼といった態度の記述的統計的代表値から集団間の関係を記述・分析することが多く，マイクロデータを代替的にマクロデータとして扱っていた。社会科学の領域ではマイクロ・マクロの問題は頻繁に取り上げられるが（例えば実験社会心理学研究 32 巻 2 号（1992）や心理学評論 36 巻 3 号（1993）では特集が組まれている），その実証的な解明のためにはマクロ変数の測定が重要になる。

　マクロなレベルで集団間の関係性のデータを得るためには，交流の時間や物流の量から捉えることも可能である。例えば国際関係論などの領域においては，国と国の関係性を表すのに，渡航者の人数や貿易量を用いて表現されることがある。本研究でも実験対象者に ID カードを持たせることで地域間の交流時間を測定しており，各地域間の往訪時間と来訪時間を元に，非対称多次元尺度構成法（千野，1997）による分析を行うことも可能であった。しかし地域間の交流時間や物流の量，企業の生産量といったデータは，集団を

---

5) もちろん，それらの指標も重要な意味を持っている。例えば A コースの例では，企業の合計生産量を見ると，第 3 セッションまでに西地域が 6 単位，北地域が 3 単位であり，第 6 セッション時には西地域が 16 単位，北地域が 9 単位と大きな格差が出来ていた。これらが集団間の関係や個人の持つイメージや行動に影響を与えているのはいうまでもないが，本論文では趣旨から外れるため割愛した。

単位としたものであるため，集団レベルでの関係性を捉えてはいるが，集団間の関係性における個人の意味合いが薄れてしまう点は否めない[5]。

そこで本研究では，ある集団やそのメンバーに対して人びとが抱いているイメージ，情報，認知をもとにして，集団と集団の境界を決定しようとする共有集団イメージ法（shared group image method）という手法を用いることで，その問題点を解決しようと試みた。内集団の同質性の認知や外集団の異質性の認知が集団間の関係性に重要な役割を果たしていることからも（Turner, 1987），対象集団間で類似したイメージが多く共有されている場合には，集団間の弁別性は低く1つの集団として認知されることになる。特に自分の所属する集団との類似性が高ければ，内集団の一部として捉えることも可能である。そのため，イメージの類似性をもとに示される集団間の距離は，集団間の関係性の認知マップとして，我々の集団間の行動や態度に重要な意味をもつといえる。

この手法によって描かれた集団間の関係性についてその妥当性を検討してみると，主観的距離と来訪時間の間に強い負の相関（$r=-.50$）が認められていた（表7-3参照）。つまり，来訪時間が長いほど近くに布置されていることになる。また，主観的な集団間の距離と相手の地域の好意度との間には，高い負の相関が認められる傾向であった（$r=-.37$）。つまり，好意度が高いほど近くに布置されている。往訪時間や好意度は，集団間の関係の一側面を表しているといえ，集団のイメージをもとにした関係性の認知マップの妥当性を保証するものだといえるだろう。

(2) の成果として，集団間の主観的な境界線を測定している点があげられる。集団間の相互作用が展開する中で，集団同士が結びつき新たな上位集団カテゴリが形成されることは多い。反対に，客観的には新たに上位集団のカテゴリを与えられたとしても，実際の行動や態度は元の集団カテゴリが意味を持っていることも多い。つまり客観的な集団のカテゴリだけではなく，主観的なカテゴリが集団間の行動や態度に強い影響を持っていると考えられる。このような上位集団の形成の程度を知るためには，対象集団に対する好意度や，対象集団との間に形成される上位集団アイデンティティを測定することが多く見られる（Gaertner, Dovidio, Anastasio, Bachman, & Rust, 1993;

岡本，2007 など)。しかし，これらの方法はマクロな関係性をマイクロデータによって代替しているという問題がある。

　本研究では，対応分析によって布置された座標データを基にクラスター分析を行うことで，集団間の主観的な境界線を抽出した。図7-2で抽出された各クラスターをみると，客観的な東西南北というカテゴリではない，集団間の関係性の移り変わりが見て取れる。例えば第3セッション時には，東地域と南地域は「貧しさ（クラスター5)」というイメージを共有し1つのクラスター内に一括されていた。これはゲームの性質上，初期段階では資源の少ない両地域の活動が制限されているため，東・南地域は各地域の差異があまり認知されず，「貧しい」というカテゴリによってゲーム世界が動いていたことを示しているといえる。ところが，第6セッション時の各地域のクラスターを見ると，東地域と西地域が同じクラスターに分類されている（クラスター3)。このことは，図7-7の好意度得点の結果と符合する。第6セッション時には，東地域と西地域が結託し，南地域と北地域が結託することで，南北地域と東西地域という大きな2つの集団の関係に発展したといえる。その結果を反映するように，東地域と西地域が同じクラスターに分類されたのであろう。また好意度得点の結果からは，北地域と南地域が同じクラスターに分類されることが考えられるが，南地域は第6セッションでも貧困イメージが強いため，北地域と同じクラスターに分類されることはなかったものと考えられる。このように好意度得点との対応関係からも，集団イメージによる認知マップを用いて抽出された主観的な境界線は妥当なものだといえよう。

　(3)の成果として，マイクロデータをマクロデータと同時に解析している点があげられる。等高線マッピング（小杉・藤原，2004）を応用することで，図示された集団間の関係性の中に，個人の態度を同時に表現することが可能となった。例えば，マクロな集団間の関係性に対してズレのない態度を持つ個人の場合は，等間隔で同心円的な等高線が描かれる。反対にマクロな集団間の関係性に対してズレのある態度を持つ個人の場合は，非常に狭い等高線や複数の丘が描かれることになり，どの地域との関係性に対して心理的葛藤を感じているかを知ることが可能である。

　また，等高線マッピングによるマイクロ・マクロの分析を展開していくこ

とで，集団間関係のダイナミズムを予測することができる可能性もある。例えば，複数の丘ができたり等高線の間隔が均等でないような，いわゆる不安定な等高線を描く個人が多ければ，多くの個人が現在の集団間の関係性に心理的葛藤を抱いているといえる。認知的均衡性に関する理論（Heider, 1958; Newcomb, 1953）では三者関係においてアンバランスな状態での態度変容を予測するモデルを提示している。これらのモデルからは，不安定な集団間関係の認知マップを描いている場合には，より安定した方向へと好意度が変化することが予測できよう。一方で，好意度ではなく，集団間の関係性（ないしはその認知）が変化する可能性もある。特に，社会的勢力の強い個人がズレの大きい等高線を描いている場合などは，関係性が変化する可能性が高いのではないだろうか。また集団間の移動可能性が高い場合には，ズレの大きい個人が現在所属している集団から離れ，別の集団へ移ることも考えられよう。本研究では，個人の持つ社会的勢力や集団間移動の意図などのマイクロ変数を測定しておらず，それらを検証するには至っていない。しかし，それらのマイクロ変数と合わせて検討することによって，集団間の関係性のダイナミズムを予測することも可能となるであろう。この点は今後の課題であろう。

　本研究の問題点を指摘するならば，調査対象とした集団の特殊性があげられる。本研究ではゲーミング・シミュレーションを実施することでデータを収集した。そのため，調査対象者にとっての集団は一時的で，バウンダリーが比較的明確で，メンバーシップが固定的なものであった。そのため各集団のイメージの多様性は比較的少なく，一貫した部分が多かった。しかし現実の集団は，長期的に所属することやメンバーの入れ替わりが頻繁に行われること，土地や空間を有している場合があるなど，集団のイメージは多様になることが考えられる。そのため，具体的なフィールドで調査を行うような場合には，自由記述に何らかの制限を加えるなど，工夫が必要となるかも知れない。

　一方で，現実の場面での集団間の関係性は多層的であり，客観的な集団のカテゴリよりも主観的なカテゴリが重要な意味を持つともいえる。本研究のように東西南北という同レベルの集団カテゴリだけではなく，例えば職場・

地域・趣味のサークルといった質の異なった多層的な集団が存在している。それらの関係性やマイクロ変数との関係を探る際，集団の質が異なるため好意度などのデータによる比較は困難であるが，集団のイメージを用いて分析することは有効であろう。今後，この方法をより洗練させていくことで，現実的な場面での集団間の関係性の把握への応用を試みていきたい。

　また，集団のイメージデータの解析法についての問題点がある。現在では3相のデータ行列による対応分析は一般的な実用段階にはないため，本研究では2相のデータ行列による対応分析を行った。しかし，集団間の関係性をより緻密に測定するためには，所属地域を組み込んだ3相のデータ行列による対応分析をすることが望ましいといえるだろう。また現在の手法では，ある1つの社会における集団間の関係性を記述，解析するにとどまっている。そのため，社会全体の時間的発展のパターンや，異なった社会間での測定や比較検証が困難である。そのため，それらが可能になるような工夫が必要になるだろう。

第4部　総括

第8章
研究結果のまとめと全体的考察

第1節　研究結果のまとめ

　いかにして集団間の関係を捉え，測定し，解析するのか。本書の主たる目的は，集団間の関係を測定，記述，解析するための新しい測定法を開発，提案することであった。社会心理学の領域において集団間の関係に関する理論や研究は数多くあるものの，その測定法について問題がなかったわけではない。そこには次の3つの問題があったことは既に指摘した通りである。

　第一の問題は，言語による自己報告では，ネガティブな態度や感情が隠されてしまう可能性があることである。集団の関係性の研究では，従属変数としてステレオタイプや偏見，攻撃や差別的な行動といった，否定的な成分を測定することが多い。しかし，人には社会的な規範に反することは意図的に隠そうとする動機があり，質問紙や行動観察による直接的な測定では，内省的に熟慮が可能なため意識された側面しか測定することができないという問題があった(Nisbett & Wilson, 1977; Greenwald, McGhee, & Schwartz, 1998)。

　第二の問題は言語化され得ない認知的，イメージ的側面が測定されないという点である。そもそも，人間は言語や理性だけで物事を把握，理解しているだけではなく，感性や情緒，イメージなど概念化できないものを受信・発信している（藤原，2005）。それにも関わらず，多くの研究では言語を用いた質問紙によってのみ測定が行われてきた。言語を基礎とした質問紙法では，調査項目の概念を共有していることを前提に，言語的な刺激（質問）に対する反応（選択）を測定しており，感性や情緒，イメージなど，概念化で

きないものの測定は困難であった。

　第三の問題は集団間の関係性というマクロな現象をマイクロなレベルでのみ測定，分析しているという問題であった。そもそも，社会科学において測定・分析されるデータには，個人に関するデータ（マイクロデータ）と集合体に関するデータ（マクロデータ）がある。特に，集団に関する現象は，個人もしくは対人関係のレベルのものと，集団のレベルのものによって理解されるべきものである。しかし社会心理学やグループ・ダイナミックスの領域では，個人データの記述的統計的代表値に基づくマイクロレベルの分析がほとんどであり，マクロなレベルでの分析はほとんど行われてこなかった（杉万・矢守, 1993）。

　本論文ではこれら3つの問題を克服するため，4つの測定法を応用，開発し，その可能性について検討してきた。4つの測定法とは（1）Implicit Association Test，（2）写真投影法，（3）リターン・ポテンシャル・モデルにもとづく測定，（4）共有集団イメージ法である。まずは，本研究で得られた知見をもとに，それらの測定法がどのような特徴を持っており，何を測定，解析したのかについてまとめる（表8-1参照）。

1） Implicit Association Test　（第2章）

　The Implicit Association Test（Greenwald, et al., 1998; 以下 IAT と省略）は，人の潜在的なレベルでの概念間の連合強度をもとにして，潜在的に持っている態度を測定する手法である。そのため，社会規範に従った自己提示や自己欺瞞をする可能性を排除することが可能である。

　そこで第2章では，IAT によって潜在的なレベルでの内集団びいきを測定し，そこから内集団と外集団の境界を解析することを試みた。具体的には，IAT 課題として呈示されるアジアの刺激を東アジアだけの狭アジア条件と，東南アジアを含めた広アジア条件の2つを設定し，それぞれの IAT 得点と，言語報告によるアジアへの集団アイデンティティとの相関を求めた。その結果，狭アジア条件のみで有意な相関が認められ，東南アジア地域は内集団と見なしていないことが示唆された。このようにして主観的な意味

表8-1 4つの測定法の特徴と分析の対象

用いた手法	特徴	分析の対象，明らかになる集団間関係
Implicit Association Test	概念間の潜在的な連合強度を測定することで，意図的にコントロールできない態度を測定することが可能	内集団びいきの程度を測定し，そこから集団間の境界が明らかになる
写真投影法	回答の際に言語化の必要が無いため，調査項目の概念を共有している前提が必要なく，感性や情緒，イメージなど，概念化できない対象を読み取ることが可能	社会的ステレオタイプのイメージ的側面 土地や空間を通して獲得される社会的アイデンティティの認知的側面
リターン・ポテンシャル・モデルに基づく測定	マクロレベルでの関係性の指標として，集団としての態度の強度や各集団の成員間での一致度である結晶度を測定することが可能	マクロ集団として受容-排斥の態度の強度や結晶度
共有集団イメージ法	集団のイメージの共頻度をもとに集団間の関係性空間を図示することで，境界線を測定可能。その上で等高線マッピングを応用することで，マイクロ・マクロの同時分析が可能	マクロレベルでの集団間関係の構造と，その中での成員個人の態度の心理的葛藤や緊張

での内集団，外集団の線引き，すなわち集団間の境界を解析することが可能となった。

近年では，IAT指標と行動指標を同時に分析することによって，潜在的態度による行動予測にも役立たせようという動きもある（Rudman, 2004）。また，Rudman, Ashmore, and Gary（2001）の実験では，人種の多様性に関する講義を行うことで，顕在的な態度だけではなく潜在的な態度を変化させることが出来，さらにその結果として偏見や差別を減らすことに成功している。このように，これからもますます応用されていく手法の1つだといえるだろう。

2) 写真投影法による測定 （第3章・第4章・第5章）

　写真投影法（Photo Projective Method; PPM: 野田, 1988）は，調査対象者にカメラを渡し，何らかの教示を与え写真を撮らせ，写真に撮られたものを，自己と外界との関わりが反映されたものとみなすことによって，認知された環境（外）と個人の心理的世界（内）を把握，理解しようとする方法である。PPM では，回答の際に言語化の必要が無いため，感性や情緒，イメージなど，概念化できない対象を読み取ることが出来る。

　そこで，第4章では PPM による社会的ステレオタイプの測定を試みた。大学生を対象にレンズ付きフィルムを配布し，「所属大学らしいと思う所」「所属大学らしくないと思う所」について撮影するように求めた。その結果，撮影された対象には，集合的反応として大学の社会的ステレオタイプを読み取ることが出来た。また，第5章では社会的アイデンティティを測定するため PPM を用いて調査を行った。これまで，PPM を用いた研究法では妥当性と客観性の問題が指摘されていたことから，言語報告による社会的アイデンティティも同時に測定し，それとの対応関係を見ることで妥当性の確認を行った。さらに，客観性を確保するため，PPM によって得られたデータをもとに数量化Ⅲ類による分析行った。また，社会的アイデンティティの項目内容を検討し，尺度項目を改め分析を行った結果，大学や地域のように具体的な空間内でメンバーが相互作用を行うような集団へのアイデンティティの場合，行動意図の因子が存在することが確認された。

　PPM は，シャッターを押すだけという単純さから，調査対象者の特別な技術を必要としない。また，レンズ付きフィルムといった身近な道具を使っているため，比較的簡便に実施することが可能である。その上で，言語レベルの質問紙とは違い，調査項目の概念を共有している前提が必要なく，社会科学における様々な測定に用いることが可能だと考えられる。

　また，PPM の問題点としては，写真撮影による調査を実施する際の金銭的なコストの高さがあげられる。今回の調査では，レンズ付きフィルムを使用したが，今後はデジタルカメラの利用や携帯電話に付属のカメラを用いることで調査にかかる経費を大幅に削減することは可能であろう。

社会調査法としての写真投影法には，いくらか克服すべき点があり，現段階では必ずしも実践的な手法だとはいえないかもしれない。しかし，データに含まれる情報の多さや，調査対象者にとっての負担の軽さは，社会調査にとって様々な応用可能性がある。本研究で行ったように，数量化理論を基にした分析を行い，他の尺度との対応を検討するなどすれば，妥当性の問題や質的分析に留まっていたという問題点は克服される。

3) リターン・ポテンシャル・モデルの応用　（第6章）

　リターン・ポテンシャル・モデルは集団規範を定量的に測定，記述するために開発された。集団規範は，集団を構成する成員たちの期待によって成り立っており，集団レベルで集団規範を確定するには，成員間の一致度と共に決定されるべきことである（佐々木，2000）。同様に，集団間の関係性の場合にも，マクロレベルでの関係性を確定するためには，各集団の成員間での一致度や集団としての強度を考慮すべきである。そこで関西学院大学の2つの合同部室を対象に，リターン・ポテンシャル・モデルを応用した質問紙調査と聞き取り調査を行った。その結果，リターン・ポテンシャル曲線から算出される強度と結晶度の指標は，聞き取り調査から浮かび上がった各部室の団体間の関係を反映しているものだといえた。例えば，合同部室エでは1つの団体が調査実施の年から利用を始めていた。そのため既存の団体は新参の団体に対して排斥的な態度しか持っていなかったのだが，それは高い強度と，高い結晶度に現れていた。一方の新参団体は，自分たちを受け入れてもらうためにも，相手の求めるように合わせていくしかないため，その態度は曖昧なものにならざるを得ず，強度が小さく，結晶度は低いということに現れていた。

4) 共有集団イメージ法　（第7章）

　共有集団イメージ法は，ある集団やそのメンバーに対して人びとが抱いているイメージ，情報，認知を元にして，集団と集団の境界を決定する方法で

ある。対象集団に関する自由記述のイメージをもとに対応分析を行うことで，マクロレベルでの集団間の関係性の分析を試みた。具体的にはSIMINSOC（広瀬, 1997）を行い, 4つの集団のイメージの類似性データをもとに集団間の関係性を図示し, 布置された座標値をもとにクラスター分析を行うことで, 集団間の境界線の抽出を試みた。布置された集団間の距離は, 好意度や交流時間などその他の指標との相関が認められ, この手法が十分な妥当性を持つものと考えられた。さらに等高線マッピング（小杉・藤原, 2004）を応用し, 集団間の関係性の座標上に個人の好意度を等高線の高さとして布置した。このようにして描かれた等高線マップからは, マクロレベルでの集団間の関係性における, 個人の心理的緊張や葛藤を読み取ることができた。さらに, 個人の社会的勢力などを合わせることで集団間関係のダイナミズムを予測することができる可能性もある。

第2節 集団間関係の改善にむけての全体的考察

1) 集団間関係の改善に, いかに役立てるのか

　本書の目的は, 集団間の関係性を測定, 記述, 解析する手法を開発することであった。しかし, 第1章で述べたとおり, 筆者の長期的, 最終的な研究のねらいとしては, 集団間の関係性を改善するための方略を探索することにあり, そのためにまず正確な測定法の開発を行ったわけである。そこで本節では, 本論文で試みた4つの手法が, 集団間関係を改善する方略の探索においてどのように役立ち得るのか, その可能性について論じる。

　第1章では, 主要な集団間の関係性についての理論を3つに分け検討した（図8-1）。1つめは, 対人関係の理論の応用である。2つめは, 差別的な行動や対立的な特質の原因として「目標の両立不可能性」を重視する立場, 3つめは, 両立し得ない目標が存在しなくとも, 集団成員性に基づく社会的比較や自己評価のため対立的な態度や行動が生じてしまうとする「社会的比較・自己評価」の立場であった。それぞれの理論に基づく, 葛藤解決の方略を見

てみると，心理力学的なアプローチについては特に具体的で有益な集団間葛藤の解決方略は提案されていないが（Brown, 1995），目標の両立不可能性の理論からは上位目標の導入が，社会的比較・自己評価の立場からは，再カテゴリ化や非カテゴリ化といった方略がそれぞれ考案されている。

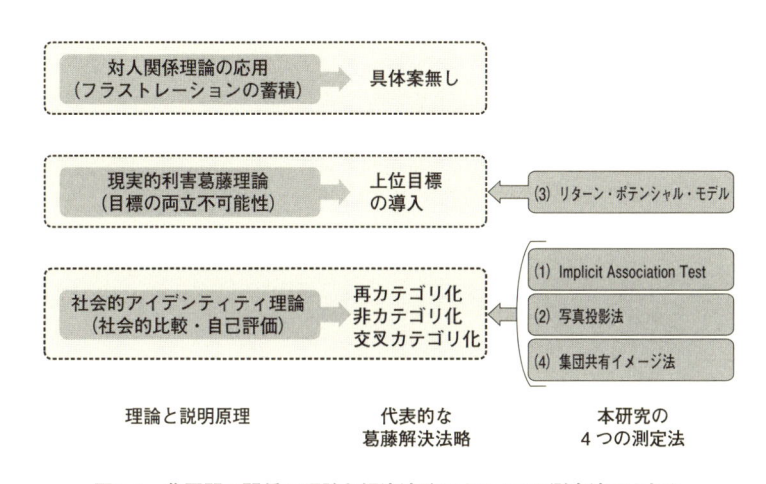

図8-1　集団間の関係の理論と解決法略による4つの測定法のまとめ

2) 上位目標の導入による葛藤解決のために

リターン・ポテンシャル・モデルを応用した測定

葛藤理論の立場からは，複数の集団の間に共通した目標（superordinate goals）を設けることで，偏見や敵意を解消ないしは低減することが可能だとする仮説がある（Sherif, 1966; Worchel, 1979）。複数の集団間の目標が同時に達成され得ない状況のために，偏見や敵意が生じている場合，集団間の協力によって達成される目標を導入することで，相手を協同的な存在として見なすようになるというのである。ただし，その共同作業が成功するという条件付きの場合に限るという指摘もされている（Worchel & Norvell, 1980）。

このような上位目標の導入は集団のレベルで行われるものであり，個人に

対して行われるものではない。そのため，集団レベルでの関係性の指標が重要になると考えられる。例えば，加藤・岡本・野波・藤原（2001）は，上位目標としての共通課題が集団間の葛藤を激化させた例を報告している。彼らはその理由として，共通課題を解決するためのコストの主観的衡平性が保たれていないことを指摘している。他にも，高尾・岸本・谷口・金政・石盛（2001）も，手続き的公正に基づく分配が満足感に影響を与えることを示している。これらの研究に限らず，集団間の関係において手続き的公正感を重視した研究は多い（大渕，2004; 菅原，1997; 田中，1998 など）。つまり，たとえ結果が平等あるいは公平であったとしても，その手続きが公平だと認知されなければ，不満が高まるというのである。同じように，上位目標を導入した場合のことを考えると，その目標を達成するうえでの様々なコストが，両集団にとって公正と思えるかどうかが重要になるだろう。リターン・ポテンシャル曲線から導かれる強度や結晶度といった指標は，それを予測することに役立ちうると考えられる。

例えば，第6章で論じた合同部室のことを考えてみよう。合同部室クのように，対立的な態度を持ちながらも，両団体ともその強度や結晶度が低い場合，上位目標としての共同作業が導入されれば，いずれの団体もその共同作業に加わる可能性は高い。なぜならば，それぞれの団体は，現在持っている態度や行動に必ずしも固執しているわけではなく，しかも団体内で多様な態度や行動があり，共同作業が導入されれば，それに対して柔軟に対応をするだろう。しかし，合同部室エのように一方の集団の対立的な態度の強度が高い場合，共同作業として成立することは困難だろうと考えられる。なぜならば，対立的な態度で強度が高い状態とは，行動の選択肢が極端に少なく他の行動や態度を取り得ないことを意味しているからである。そのため，強度が高い団体が共同作業に参加することは考えにくく，共同作業に対する公正感は損なわれ，加藤ら（2001）のように，上位目標として機能することがなくなり，関係がより悪化することが予測される。

また，結晶度が低ければ，ある成員は共同作業に加わるが，他の成員は加わらないという可能性が考えられる。その結果として，作業に加わる者たちと，加わらない者たちのようにサブグループ化され，集団間の葛藤が別な

（下位の）集団に置き換えられてしまうかもしれない。このように，強度や結晶度が異なることによって，上位目標の導入後に予想される反応が異なる。そのため，これらの指標を生かした上位目標を検討しなければならないだろう。

さらに，上位目標を導入する前後での集団間の関係の測定についても，それらの集団の指標が重要となるだろう。例えば，導入の前後で関係性について測定した場合，集団の平均的態度が変化していなくとも，強度や結晶度の変化というかたちで両集団の関係には変化が現れる可能性もある。これらの指標の変化は，態度変容が起きていることの端緒とも考えられ，集団間関係の変遷過程を研究する上では重要な指標となるかもしれない。

いずれにせよ，上位目標の導入のように，集団レベルで行われる解決方略については，それがどのような方略であるにせよ，個人レベルでの測定だけではなく，集団レベルでの測定も合わせて行われるべきだといえる。

3) 新たなカテゴリの顕在化による葛藤解決のために

社会的比較・自己評価の立場は，集団間の状況いかんの問題ではなく，認知プロセスや学習プロセスとして，半ば必然的に偏見やステレオタイプといった態度が生じてしまうと考える立場であった。そのため，どのような認知がなされているのかについて，そのイメージや観念の側面も含めて正確に測定することが重要になるだろう。

認知プロセスを重視した研究での葛藤解決の方略としては，非カテゴリ化（de-categorization; Brewer & Miller, 1996），再カテゴリ化（re-categorization; Brewer & Miller, 1984）や交叉カテゴリ化（cross-cutting categorization; Marcus-Newhall, Miller, Holtz, & Brewer, 1993）などがある。非カテゴリ化とは，現在対立しているカテゴリに基づいた接触から，カテゴリから離れて個人と個人の関わり合うという具合に個人化した接触を行うことで，偏見や差別を無くそうとする方法である。再カテゴリ化とは，対立する複数のカテゴリを包括する新たなカテゴリを強く意識させた接触へと変えることで，偏見や差別を無くそうとする方法である。交叉カテゴリ化は，人が様々なカテ

ゴリに属していることを利用して，対立していない何らかの共通したカテゴリを強く意識させることで，偏見や差別を無くそうとする方法である。いずれの方法も若干の違いはあるが，基本的な考え方は，現在対立しているカテゴリに基づく接触をやめ，両カテゴリを包括する新たな（上位の集団や個人という）カテゴリを強く意識した接触へと変化させることで，偏見や差別を低減させようとしている。

IATを応用した測定

このように，現在のカテゴリを除去したり，新たな上位集団のカテゴリを顕在化する手法を用いる場合，実際にそれらのカテゴリが活性化されているのかを確認する必要がある。多くの研究では質問紙上で尋ねることで確認しているのだが，第2章で論じたように，そもそも内集団びいきは意識的に隠される可能性があり，さらには言語化に伴う様々な影響もある（第1章，第2章参照）。また，顕在的なレベルで新しいカテゴリが意識されているだけでは，本質的な問題の解決にはならず，潜在的なレベルでの新しいカテゴリの活性化が重要となるであろう。例えばBrewer and Miller（1996）は個人化した接触は，特定の個人に対する態度が変化するのみで，相手集団に対する偏見やステレオタイプそのものが変わらない可能性があると指摘している。特に，接触する相手がその集団の典型と見なされないと，集団自体への否定的な態度は変わらないということも知られており（Hewstone & Brown, 1986; Wilder, 1984），個人化した接触による集団イメージの変化は生じないことが考えられる。その点についてBrewer and Miller（1996）は，非典型タイプの個人との接触は集団に対するステレオタイプを直接的に変化させないが，カテゴリ内の多様性を見出すことにつながり，長期的に見れば，個人化された接触がいずれ集団への態度を変化させるだろうと論じている。つまり，個人化による接触などは相手集団に対する態度変容のきっかけあるいは段階的な手段として有効だと考えられる。そのため，その心理的プロセスを精緻に分析するためには，潜在的なレベルでの内集団の外延を測定できる，IATを応用した測定が有効になると考えられる。

PPM を利用した測定

社会的アイデンティティ理論や自己カテゴリ化理論によれば，ある他者を内集団成員としてカテゴリ化するか，外集団成員としてカテゴリ化するかは，内集団との類似性と外集団との異質性の対比であるメタ・コントラスト比による。メタ・コントラスト比が低ければ，内集団の成員だと認知し，メタ・コントラスト比が高ければ外集団の成員として認知することになる。類似性や異質性判断の基準は知覚的な側面と，文化的分類の側面（人種や性別，階級など）の2つが考えられているように（Turner, Hogg, Oakes, Reicher, & Wetherell, 1987），知覚や認知による情報は重要な役割を果たしている。

第5章では，大学という空間やそのシンボルという環境要因を介して社会的アイデンティティが獲得されるという結果が得られていた。その結果をふまえても，現在のカテゴリを除去したり，新しい上位のカテゴリを顕在化させるためには，知覚情報としてのイメージを測定する必要もあるといえるだろう。例えば市町村合併などの場合，経済的，物理的な面では多くのメリットがありながらも，地域への帰属意識や，社会的アイデンティティのために，合併することに抵抗がある場合が多い（小西, 2000, 2003）。そういった場合は特に，質問紙による測定では測りきれない，地域や空間，そこに住む人々，（地名を含めた）地域のシンボルが介在していることが考えられる。それらを正確に知るためには，PPMで行ったようにイメージを測定することは欠かせないものとなるだろう。特に地域への帰属意識の強弱だけではなく，何に対して愛着を持っているかなどを知ることは重要な手がかりを与えてくれる。それらの情報をもとに，どのようなカテゴリを顕在化させるかを検討することによって，住民たちの抵抗の少ない，また，しこりを残さない葛藤解決が可能になるだろう。

共有集団イメージ法を利用した測定

共有集団イメージ法もカテゴリの顕在化による葛藤解決に役立つだろう。共有集団イメージ法によって描かれたクラスター分析の結果は，クラスターの採用する結合距離の水準を変更すれば，最小単位としての集団カテゴリか

ら上位の集団カテゴリの構成を知ることが可能である。クラスターの採用結合距離水準が低い場合にクラスタリングされる集団同士は，既に成員たちが共通したカテゴリを見出していることを意味しており，葛藤解決はスムーズに行われるだろう。反対に，高い結合距離の水準にならなければクラスタリングされない集団同士は，類似性がほとんど認知されていないことを意味しており，新しいカテゴリの顕在化による葛藤解決は困難だと予想される。このように，共有集団イメージ法を用いた解析を行うことで，新しいカテゴリを導入することによる葛藤解決の可能性を予測することが出来るだろう。

　さらに個人の態度を布置した等高線マップをみることで，新しい集団カテゴリの導入に対する個人の抵抗を予測できる。例えば，集団 A・B という 2 つの集団を，新しい上位の 1 つの集団としてまとめようとする場合を考えてみよう。複数の集団を 1 つにまとめるということは，共有集団イメージ法においては，現在は離れた位置に布置されている各集団の座標を近づけることだといえる。そのため，新しい集団カテゴリを導入使用とする場合の成員の抵抗を予測するには，集団 A・B の座標上の距離を縮め，$V(p)$ を再計算し等高線を再描線することで可能となる。その結果，多くの成員において等高線の密度が高かったり，丘や谷が多く作られるならば，その新しいカテゴリを導入に対して多くの抵抗が生じると予想される。なぜならば，密度の高さや不統合な等高線は成員の心理的葛藤を意味するからである。一方で，そのような等高線があまり描かれることがなければ，その新しいカテゴリの導入は，比較的容易に受け入れられることが予想される。さらに，分析時のデータに戻ることで，どのようなイメージの共頻度が高ければ集団間の距離が縮まるかについても知ることが出来る。つまり，どのような次元での上位カテゴリを顕在化させることが最も効率的であるかという示唆を与えてくれるのである。

　新しいカテゴリの顕在化による葛藤解決法略を用いる場合には，どのようなカテゴリを顕在化させるのか，また本当にそのカテゴリが当人にとって意味を持って意識されているのかを知ることが重要である。PPM や共有集団イメージ法はどのようなカテゴリを顕在化すべきかその手がかりを与えてくれ，IAT を用いた測定法は潜在的なレベルでの（上位の）内集団の外延を

知ることが出来る。これらの手法を複合的に用いていくことで，より建設的なカテゴリの導入が可能になり，さらにその後のプロセスも詳細に検討することが可能となるだろう。

以上のとおり，本論文で議論してきた4つの測定法は，従来の測定法で問題になっていた点のいくつかを克服し，集団間の関係をより正確に測定，分析，解析することが可能である。そして，そのことに留まらず，問題のタイプや集団同士の状態によってこれら手法を複合的に用いることで，新たなる解決法略を見出せる可能性もあるだろう。

4) 課題と展望

本研究の重要かつ本質的な課題としては，これらの手法を用いて，今後いかに実践的な問題の解決を図るのかということに尽きるだろう。測定法ごとの課題については，各章で指摘したとおり，(時間的・金銭的)コストの側面(第2章，第3～5章)，統計的検定の必要性や改善(第6章，第7章)など，改善の余地があり，いずれもまだ確立された手法だとはいえないかもしれない。これからさらに洗練させていく必要があるだろう。しかし，4つの測定法はいずれも，従来の集団間関係の研究における測定上のいくつかの問題を解決しており，これらを用いることによって，これまでにない知見が生まれるだろう。

一方で，様々な解決法略が考案されながらも，いまだに解決されることのない様々な集団間コンフリクトについて考えてみれば，測定法だけではない，新しいアプローチによる問題解決が試みられるべきなのかも知れない。例えば，これまで議論してきた集団間の関係の議論とはいささか異なる立場の研究として Moscovici (1981, 1984) の社会的表象 (social representation) に関するアプローチがある。そして，本論文で論じてきた手法のいくつかは，社会的表象の測定への応用可能性がある。

社会的表象とは，人の共同的行為やコミュニケーションによって作られ，社会的に共有されたイメージ，知識，信念，思考パターンの総称であり，私たちの知覚やイメージを規定する働きがある (Moscovici, 1984)。偏見や差

別がいつまでも解決されることがないという現状に対してMoscovici（1984）は「国家や人種などに対するあらゆる偏見は社会的表象を変えることによってしか克服することは出来ない」と，ステレオタイプ・偏見・差別の研究における社会的表象の重要性を指摘している。実際，Bar-Tal（1998）やLiu, Lawrence, Ward, and Abraham（2002）が，シンガポールやイスラエルを対象に，その地域で共有されている社会的表象や社会的信念（Social belief）の存在が，集団間コンフリクトを長引かせていることを示しているように，この数年，社会的表象と集団間関係を扱った研究が行われ始めている。

しかし，従来の社会的表象に関する研究は実証的な研究が少ないことが指摘されている（Breakwell & Canter, 1993; 矢守, 2000, 2001）。先にあげたBar-Tal（1998）やLiu, et al.（2002）は，教科書の中で取り上げられるテーマや言葉を分析することで実証的研究を行っているが，これらはある特定の対象の場合にのみ用いられる手法である。矢守（1994）の指摘するように，社会的表象を客観的に測定，図示，評価する方法はこれまで整備されていなかったのである。本論文で扱ってきた手法は，集団間の関係性の社会的表象の測定に応用することが可能だと考えられる。

例えば共有集団イメージ法で描かれる集団間の認知マップは，まさしく集団として表象されている集団間関係である。社会的表象論によれば，そういった社会的表象によって態度が規定されるとしていることからも，この集団表象としての認知マップによって，他集団に対する態度が規定されると考えることが可能である。共有集団イメージ法を応用することで集団間関係の社会的表象を客観的に測定，図示出来る可能性がある。さらに，そこに個人の態度を布置することも可能であることから，社会的表象と個人の行動の関係や，その変遷を分析することも可能となるだろう。

こういった社会的表象の内部構造やその変動を実証的に扱うことで，あるいは，本質的な集団間の問題解決に一歩近づくかもしれない。本論文で示したいくつかの測定法はその一端を可能にしており，こういった立場も含めて研究すべきであろう。

本書の研究内容は，集団間の関係について1つの理論的立場から構成されているわけではなかった。いわば，集団間関係の問題に対して，測定法に焦

点を当てた横断的な議論をしてきた。測定法とはいうなれば，研究をするための道具のようなものである。測定法という道具を多くそろえておくことは，様々なタイプの問題に対して，それぞれに応じた適切な対応を可能にする。道具による制限のために，問題の解決が進まないということをなくするためにも，本研究が集団間関係の改善に取り組む多くの研究者や実践家の役に立つことを願ってやまない。

引用文献

Abelson, R. P. (1954–55). A technique and a model for multi-dimensional scaling. *Public Opinion Quarterly*, Winter, 405–418.

Abrams, D., Ando, K., & Hinkle, S. (1998). Psychological attachment to the group: Cross-cultural differences in organizational identification and subjective norms as predictors of workers' turnover intentions. *Personality and Social Psychology Bulletin*, 24 (10), 1027–1039.

Allport, G. W. (1954). *The nature of prejudice*. Cambridge, MA: Addison-Wesley. (原谷達夫・野村昭（訳）(1968)．『偏見の心理』培風館)

青野幸子・加我宏之・下村泰彦・増田昇 (2005)．「泉北丘陵端部の農村地域における地形特性から捉えた居住者が好む風景魅力の解明」『ランドスケープ研究』, 68, 753–756.

Ashmore, R. D. (1970). The problem of intergroup prejudice. In. B. E. Collins (Ed.), Social psychology. Reading, MA: Addison-Wesley. pp. 245–296.

Ashmore, R. D., & Del Boca, F. K. (1981). Conceptual approaches to stereotypes and stereotyping. In D. L. Hamilton & R. D. Ashmore (Eds.), *Cognitive processes in stereotyping and intergroup behavior*. Hillsdale, NJ: Erlbaum. pp. 1–35.

Bales, R. F. (1950). *Interaction process analysis: A method for the study of small groups*. Reading, MA: Addison-Wesley.

Banaji, M. R.(2001). Implicit attitudes can be measured. In H. L. Roediger, III, J. S. Nairne, I. Neath, & A. Surprenant (Eds.), *The nature of remembering: Essays in honor of Robert G. Crowder*. Washington, DC: American Psychological Association. pp. 117–150.

Banaji, M. R., & Hardin, C. D. (1996). Automatic stereotyping. *Psychological Science*, 7, 136–141.

Bar-Tal, D. (1998). Societal beliefs in times of intractable conflict: The Israeli case. *International Journal of Conflict Management*, 9 (1), 22–50.

Batson, G., & Mead, M. (1942). *Balinese character: A photographic analysis*. New York: The New York Academy of Science. (外山昇（訳）(2001)．『バリ島人の性格—写真による分析—』国文社)

Borgardus, E. S. (1923). *Immigration and race attitudes*. Boston: D.C. Health.

Borgardus, E. S. (1925). Measuring social distances. *Journal of Applied Sociology*,

9, 299-308.

Bornschier, V., & Chase-Dunn, D. (1999). *The future of global conflict*. London: Sage.

Bosson, J. K., Swann, W. B., & Pennebaker, J. W. (2000). Stalking the perfect measure of self-esteem: The blind men and the elephant revisited? *Journal of Personality and Social Psychology*, 79, 631-643.

Breakwell, M. G., & Canter, V. D. (1993). *Empirical approaches to social representations*. London: Clarendon Press.

Brewer, M. B., & Miller, N. (1984). Beyond the contact hypothesis: Theoretical perspectives on desegregation. In N. Miller, & M. B. Brewer(Eds.), *Groups in contact: The psychology of desegregation*. San Diego, CA: Academic press. pp. 281-302.

Brewer, M. B., & Miller, N. (1996). *Intergroup relations*. Buckingham: Open University Press.

Brown, R. (1995). *Prejudice: Its social psychology*. Oxford: Blackwell Pub. (黒川正流・橋口捷久（編訳）(1999).『偏見の社会心理学』北大路書房）

Brown, R. (1988). *Group processes: Dynamics within and between groups*. Oxford: Basil Blackwell. (黒川正流・橋口捷久・坂田桐子（訳）(1993).『グループ・プロセス―集団内行動と集団間行動―』北大路書房）

Burt, R. (1992). *Structural holes: The social structure of competition*. Cambridge, Mass: Harvard University Press. (安田雪（訳）(2006).『競争の社会構造』新曜社）

Campbell, D. T. (1965). Ethnocentric and other altruistic motives. In Levine (Eds.) *Nebraska symposium on motivation*. University of Nebraska Press. pp. 283-311.

Campbell, D. T., Kruskal, W. H., & Wallace, W. P. (1966). Seating aggregation as an index of attitude. *Sociometry*, 29, 1-15.

Carrington, P. J., Scott, J., & Wasserman, S. (2005). *Models and methods in social network analysis*. Cambridge; New York: Cambridge University Press.

Cherem, J. G., & Driver, L. B. (1983). Visitor employed photography: A technique to measure common perceptions of natural environments. *Journal of Leisure Research*, 15, 65-83.

千野直仁 (1997).『非対称多次元尺度構成法』現代数学社.

Dabbs, J. M. Jr. (1982). Making things visible. In J. V. Maanen, J. M. Dabbs, Jr., & R. R. Faulkner (Eds.), *Varieties of qualitative research*. Beverly Hills, CA: SAGE. pp. 31-63.

Darley, J.M., & Gross, P.H. (1983). A hypothesis-confirming bias in labeling effects. *Journal of Personality and Social Psychology*, 44, 20-33.

Deaux, K. (1996). Social identification. In E. T. Higgins, & A. W. Kruglanski (Eds.), *Social psychology: Handbook of basic principles*. New York: Guilford Press. pp. 777-798.

電通総研編 (1993). 『私の好きなモノ：世界の若者「7ヵ国66人」が生活場面を写す』電通.

Deutsch, M. (1973). *The resolution of conflict: Constructive and destructive processes*. New Haven, CT: Yale University Press. （杉田千鶴子（訳）(1995). 『紛争解決の心理学』ミネルヴァ書房）

Deutsch, M. (1990). Sixty years of conflict. *International Journal of Conflict Management*, 1 (3), 137-263.

Devos, T., & Banaji, M.R. (2001). Equally American? Implicit natural identity. *Presented at the 13th Annual Convention of the American Psychological Society*, Toronto, ON, Canada.

Dollard, J., Doob, L. W., Miller, N. E., Mowrer, O. H., & Sears, R. R., (1939). *Frustration and aggression*. Yale University.

Dollinger S. J., & Clancy S. M. (1993). Identity, self, and personality: II. Glimpses through the auto photographic eye. *Journal of Personality and Social Psychology*, 64, 1064-1071.

Dollinger, S. J., Robinson, N. M., & Ross, V. J. (1999). Photographic individuality, breadth of perspective, and creativity. *Journal of Personality*, 67, 623-644.

Duffy, K. G., & Wong, F. Y. (1996). *Community psychology*. Boston: Allyn and Bacon. （植村勝彦（監訳）(1999). 『コミュニティ心理学：社会問題への理解と援助』ナカニシヤ出版）

Festinger, L. (1954). A theory of social comparison processes. *Human Relations*, 7, 117-140.

Fiske, S. T., & Pavelchak, M. A. (1986). Category-based versus piecemeal-based affective responses: Developments in schema-triggered affect. In R. M. Sorrentino, & E. T. Higgins, (ed.) *Handbook of motivation and cognition: Foundations of social behaviour*. New York: Guilford. pp. 67-203.

Fisher, R. J. (1997). *Interactive conflict resolution*. Syracuse, NY: Syracuse University Press.

藤原武弘 (2005). 「コミュニティ政策への社会心理学的アプローチ」『コミュニティ政策』, 3, 66-84.

Freud, S. (1921). *Group psychology and the analysis of the ego*. (Revised edition)

New York: W. W. Norton & Company.
Gaertner, S. L., & McLaughlin, J. P. (1983). Racial stereotypes: associations and ascriptions of positive and negative characteristics. *Social Psychology Quarterly*, 46, 23–30.
Gaertner, S. L., Dovidio, J. F., Anastasio, P. A., Bachman, B. A., & Rust, M. C. (1993). The common ingroup identity model: Recategorization and the reduction of intergroup bias. In W. Storoebe & M. Hewstone (Eds.), *European Review of Social Psychology*, 4, New York: Wiley. pp. 1–26.
Gates, M. (1976). Measuring peasant attitudes to modernization: A projective method. *Current Anthropology*, 17 (4), 641–658.
Gilbert, G. M. (1951). Stereotype persistence and change among college students. *Journal of Abnormal and Social Psychology*, 46, 245–254.
Glick, P., & Fiske, S. T. (1996). The ambivalent sexism inventory: diffentiating hostile and benevolent sexism. *Journal of Personality and Social Psychology*, 70, 491–512.
Glynn, T. G. (1981). Psychological sense of community: Measurement and application. *Human Relations*, 34, 789–818.
Gold, S. J. (1991). Ethnic boundaries and ethnic entrepreneurship: A Photo-elicitation Study. *Visual Sociology*, 6 (2), 9–22.
Greenwald, A. G., & Banaji, M. R. (1995). Implicit Social. Cognition: Attitudes, Self-esteem, and Stereotypes *Psychological. Review*, 102, 4–27.
Greenwald, A.G., & Farnham, S.D. (2000). Using the Implicit Association Test to measure self-esteem and self-concept. *Journal of Personality and Social Psychology*, 79, 1022–1038.
Greenwald, A.G., McGhee, D. E., & Schwartz, J. L. K. (1998). Measuring individual differences in implicit cognition: The implicit association test. *Journal of Personality and Social Psychology*, 74 (6), 1464–1480.
Greenwald, A. G., Nosek, B. A., & Banaji, M. R., (2003). Understanding and using the Implicit Association Test: I. An improved scoring algorithm. *Journal of Personality and Social Psychology*, 85, 197–216.
Hagedorn, M. I. E. (1990). Using photography with families of chronically ill children. In M. Leininger & J. Watson (Eds.), *The caring imperative in education*. New York: The National League for Nursing. pp.227–234.
Hagedorn, M. I. E. (1996). Photography: An aesthetic technique for nursing inquiry. *Issues in Mental Health Nursing*, 47 (6), 517–528.
羽生冬佳・黒田乃生・高橋正義 (2002).「白川村萩町地区における観光行動と観光

対象としての集落風景に関する研究」『ランドスケープ研究』, 65 (5), 785-788.

Harper, D. (1984). Meaning and work: A study in photo elicitation. *Journal of Visual Sociology*, 2 (1), 20-43.

早川和男・塩崎賢明・谷本道子・鈴木晃・小出明子 (1982). 「高令者の残留傾向と高令世帯の定住意識：公共住宅研究Ⅰ ―その4―」『学術講演梗概集（計画系）』57, 2217-2218.

林幸史・岡本卓也・藤原武弘 (2008a). 「写真投影法による場所への愛着の測定」『関西学院大学社会学部紀要』, 106, 15-26.

林幸史・岡本卓也・藤原武弘 (2008b). 「写真投影法による危険認知の把握 (1)」日本グループ・ダイナミックス学会　第55回大会.

林幸史・岡本卓也・藤原武弘 (2008c). 「写真投影法による危険認知の把握 (3)」日本社会心理学会　第49回大会.

林知己夫 (1974). 『数量化の方法』東洋経済新報社.

Heider, F. (1958). *The psychology of interpersonal relations.* New York: Wiley. (大橋正夫（訳）(1978). 『対人関係の心理学』誠信書房)

Hendricks, M., & Bootzin, R. (1976). Race and sex as stimuli for negative affect and physical avoidance. *Journal of Social Psychology*, 98, 111-120.

Hewstone, M., & Brown, R. (1986). Contact is not enough: An intergroup perspective on the contact hypothesis. In M. Hewstone and R. Brown (Eds.), *Contact and conflict in intergroup encounters.* Oxford: Blackwell. pp. 1-44.

Higgins, S. S., & Highley, L. B. (1986). The camera as a study tool: Photo interview of mothers and infants with congestive heart failure. *Children's Health Care*, 15, 119-122.

Hinkle, S., Taylor, L. A., Fox-Cardamone, D. L., & Crook, K. F. (1989). Intragroup identification and intergroup differentiation: A multicomponent approach. *British Journal of Social Psychology*, 28 (4), 305-317.

広瀬幸雄 (1988). 「模擬社会ゲームの社会心理学的研究」『財団法人石田財団昭和61年度研究助成報告書』.

広瀬幸雄 (1997). 『シミュレーション世界の社会心理学：ゲームで解く葛藤と共存』ナカニシヤ出版.

久隆浩・内海邦硯 (1992). 「子どもと地域投影法の試み」『第27回日本都市計画学会学術研究論文集』, 15, 720.

久隆浩・鳴海邦碩 (1992). 「子どもと地域空間の関わりを分析する手法としての写真投影法の試み」『日本都市計画論文集』, 27, 715-720.

Hogg, M. A., & Abrams, D. (1988). *Social identifications: A social psychology of intergroup relations and group processes.* London: Routledge.（吉森護・野村泰代（訳）(1995).『社会的アイデンティティ理論：新しい社会心理学体系化のための一般理論』北大路書房）

Hovland, C. I., & Sears, R. R.（1940）. Minor studies of aggression: VI. Correlation of lynchings with economic indices. *The Journal of Psychology*, 9, 301-310.

石盛真徳（2004）.「コミュニティ意識とまちづくりへの市民参加：コミュニティ意識尺度の開発を通じて」『コミュニティ心理学研究』, 7 (2), 87-98.

伊藤哲司・能智正博・田中共子（編）(2005).『動きながら識る，関わりながら考える』ナカニシヤ出版.

岩下豊彦(1983).『SD法によるイメージの測定―その理解と実施の手引』川島書店.

Jackson, J. M.（1960）. Structural characteristics of norms. In G. G. Jensen（ed.） *Dynamics of instructional groups.* Chicago Univ. Press.（末吉悌次他（訳）(1967).『学習集団の力学』黎明書房）

Jones, E. E., & Sigall, H.（1971）. The Bogus pipeline: a new paradigm for measuring affect and attitude. *Psychological Bulletin*, 76, 349-364.

上山輝・土肥博至（1996）.「写真投影法を用いた景観評価の基礎的構造に関する研究」『都市計画論文集』, 31, 595-600.

Kapferer, B.（1972）. *Strategy and transaction in an African factory.* Manchester, England: Manchester University Press.

Karasawa, M.（1991）. Toward an assessment of social identity: The student of group identification and its effects on in-group evaluations. *British Journal of Social Psychology*, 30, 293-307.

Karlins, M., Coffman, T. L., & Walters, G.（1969）. On the fading of social stereotypes: Studies in three generations of college students. *Journal of Personality and Social Psychology*, 13, 1-16.

Katz, D., & Braly, K.（1933）. Racial stereotypes of one hundred college students. *Journal of Abnormal and Social Psychology*, 28, 280-290.

加藤潤三・小杉考司・岡本卓也・野波寛（2001）.「仮想世界ゲームにおける集団間葛藤―共通課題は仲を悪くする？―」『日本グループ・ダイナミックス学会第49回大会発表論文集』, 658-659.

加藤潤三・野波寛・岡本卓也・藤原武弘，(2005).「仮想世界ゲームにおける環境問題重視型ルールの考案」『関西学院大学社会学部紀要』, 98, 69-80.

川喜田二郎（1986）.『KJ法―混沌をして語らしめる』中央公論社.

Kelman, H. C.（1965）. *International behavior: A social psychological analysis.* New York: Holt, Rinehart and Winston.

Kelman, H. C.（1990）. Interactive problem-solving: A social psychological approach to conflict resolution. In J. Burton and F. Duke (eds.) *Conflict: Reading in management and resolution.* New York: St. Martin's Press. pp. 199-215.

小林知博・岡本浩一 (2004).「IAT (Implicit Association Test)の社会技術への応用可能性」『社会技術研究論集』, 2, 353-361.

古賀誉章・高明彦・宗方 淳・小島隆矢・平手小太郎・安岡正人 (1999).「キャプション評価法による市民参加型景観調査―都市景観の認知と評価の構造に関する研究―その1―」『日本建築学会計画系論文集』, 517, 79-84.

小島隆矢・古賀誉章・宗方 淳・平手小太郎 (2002).「多変量解析を用いたキャプション評価法データの分析:都市景観の認知と評価の構造に関する研究―その2―」『日本建築学会計画系論文集』, 550, 51-58.

小西砂千夫 (2000).『市町村合併ノススメ』ぎょうせい.

小西砂千夫 (2003).『市町村合併の決断:熱い思いと冷静な判断で地域の未来を決断する』ぎょうせい.

Kosugi, K., Kato, J., & Fujihara, T. (2003). The effect of commitment to a festival on attitude toward the in-group and out-group. *Social Behavior and Personality an international journal*, 31 (2), 181-190.

小杉考司・藤原武弘 (2004).「等高線マッピングによる態度布置モデル」『行動計量学』, 31 (1), 17―24.

向山泰代 (2004).「自叙写真による自己概念研究」『応用心理学研究』, 30 (1), 10-23.

工藤和美 (1994).「農村集落における地域環境に関する意識分析:写真投影法によるケーススタディ」『神戸大学大学院自然科学研究科紀要』, 12-B, 123-131.

Lippman, W. (1992). *Public Opinion.* New York: Macmillan. (掛川トミ子 (訳) (1987).『世論』(上・下) 岩波書店)

Liu, J. H., Lawrence, B., Ward, C., & Abraham, S. (2002). Social representations of history in Malaysia and Singapore: On the relationship between national and ethnic identity. *Asian Journal of Social Psychology*, 5 (1), 3-20.

Low, S. M., & Altman, I. (1992). Place attachment: A conceptual inquiry. In I. Altman & S. M. Low (Eds.) *Place attachment.* New York: Plenum Press. pp. 1-12.

Low, S. M. (1992). Symbolic ties that bind: Place attachment in the plaza. In I. Altman & S. M. Low (Eds.) *Place attachment.* New York: Plenum Press. pp. 165-185.

Luhtanen, R., & Crocker, J. (1992). A collective self-esteem scale: Self-evaluation of one's social identity. *Personality and Social Psychology Bulletin*, 18 (3), 302-318.

Maass, A., & Castelli, L., & Arcuri, L. (2000). Measuring prejudice: Implicit versus explicit techniques. In D. Capozza & R. Brown (Eds.) *Social identity processes*. London: Sage. pp.97-116.

松田奈緒子・加藤力 (2004).「空間の自己化過程に見られる表出特性」『日本インテリア学会論文報告集』, 14, 37-45.

松田奈緒子・加藤力 (2007).「他者がインテリア空間における自己表出に与える影響」『日本インテリア学会論文報告集』, 17, 45-51.

Marcus-Newhall, A., Miller, N., Holtz, R., & Brewer, M. B. (1993). Cross-cutting category membership with role assignment: A means of reducing intergroup bias. *British Journal of Social Psychology*, 32, 125-146.

McConahay, J. B. (1986). Modern racism, ambivalence, and the modern racism scale. In J.F. Dovidio & S. L. Gaertner (Eds.), *Prejudice, discrimination, and racism*. San Diego: Academic. pp. 91-125.

McCrone, I. (1937). *Race attitudes in South Africa: Historical, experimental, and psychological studies*. Oxford: Oxford UNIV. Press.

McMillan, D. W., & Chavis, D. M. (1986). Sense of community: A definition and theory. *Journal of Community Psychology*, 14 (1), 6-23.

Modell, J., & Brodsky, C. (1996). Envisioning homestead: Using photographs in interviewing (Homestead, Pennsylvania). In E. M. McMahan, & K. L. Rogers, (Eds.) *Interactive oral history interviewing*. Hillsdale: Erlbaum Associates. pp. 141-160.

Moore, R. L., & Graefe, A. R. (1994). Attachments to recreation settings: The case of rail-trail users. *Leisure Sciences*, 16, 17-31.

Moscovici, S. (1976). *Social influence and social change*. London: Academic Press.

Moscovici, S. (1981). On social representations. In P. Forgas (ed.) *Social cognition: Perspectives on everyday understanding*. London: Academic Press.

Moscovici, S.(1984). The phenomenon of social representation. In R. M. Farr & S. Moscovici (eds.) *Social representations*. Cambridge University Press. pp.3-69.

Moscovici, S., & Duveen G. (2000). *Social representation*. New York: New York University Press.

村上史朗・山口勧 (2001a).「The Implicit Association Test による自己と内集団に対する潜在的評価の検討」『日本社会心理学会第42回大会発表論文集』, 208-209.

村上史朗・山口勧 (2001b).「The Implicit Association Test による潜在的自己観の検討」『日本グループ・ダイナミックス学会第49回大会発表論文集』, 70-71.

長瀬安弘・浅野智子 (2004).「写真投影法による森林ボランティアと大学生の森林における空間認知に関する研究」『ランドスケープ研究』, 67 (5), 615-618.

直井優 (1983).「社会調査の設計」青井和夫・直井優 (編)『社会調査の基礎』サイエンス社. pp.36-44.

Newcomb, T. M. (1953). An approach to the study of communicative acts. *Psychological Review*, 60, 393-404.

Nisbett, R. E., & Wilson, T. D. (1977). Telling more than we can know: Verbal reports on mental processes. *Psychological Reports*, 84 (3), 231-259.

野田正彰 (1988).『漂白されるこどもたち』情報センター出版局.

Nosek, B. A., & Banaji, M. R. (2001). The go/no-go association task. *Social Cognition*, 19 (6), 625-666.

Nosek, B. A., Banaji, M. R., & Greenwald, A. G. (2002). Math=Male, Me=Female, therefore Math≠Me. *Journal of Personality and Social Psychology*, 83, 44-59.

大江朋子・金ジユン・繁桝算男 (2005).「潜在的ステレオタイプの認知成分と感情成分—自動的に活性化されるのはどちらの成分か?」日本社会心理学会第46回大会, 6-7.

岡本卓也 (2003).「集団間関係に関する実証的研究—集団間接触時におけるコンフリクト・共存・強調の分析—」『関西学院大学大学院社会学研究科2002年度修士論文』(未刊行).

岡本卓也 (2005).「テキスト分析のためにデータを洗練する—大学イメージ調査への対応分析の適用—」藤井美和・李政元・小杉考司 (編著)『心理・福祉・看護のためのテキストマイニング入門』中央法規出版. pp. 96-115.

岡本卓也 (2007).「集団間交渉時の認知的バイアス：他集団の参入が既存集団の影響力の知覚に及ぼす効果」『実験社会心理学研究』, 46 (1), 26-36.

岡本卓也 (2008). Psychologist Genealogy 2nd. Retrieved Septemper 3, 2009, from http://www.h2.dion.ne.jp/~takuya-o/Archive/PsychologistGenealogy.htm

岡本卓也・藤原武弘・加藤潤三・野波寛 (2008).「共有集団イメージ法を用いた集団間関係の解析の試み」『実験社会心理学研究』, 48 (1), 1-16.

Okamoto, T., Fujihara, T., Kato, J., Kosugi, K., Nakazato, N., Hayashi, Y., Ikeuchi, H., Nakagawa, N., Mori, K., & Nonami, N. (2006). Measuring social stereotypes with Photo Projective Method. *Social Behavior and*

Personality: an international journal, 34（3），319-332.
岡本卓也・林幸史・藤原武弘（2008a）.「写真投影法による危険認知の把握（2）」日本グループ・ダイナミックス学会 第55回大会．
岡本卓也・林幸史・藤原武弘（2008b）.「写真投影法による危険認知の把握（4）」日本社会心理学会第49回大会．
岡本卓也・林幸史・藤原武弘（2009a）.「写真投影法による所属大学の社会的アイデンティティの測定」『行動計量学』，36（1），1-14.
岡本卓也・林幸史・藤原武弘（2009b）.「写真投影法による危険認知の把握（5）」日本コミュニティ心理学会第6回大会．
Okamoto, T., Ikeuchi, H., & Fujihara, T. (2006). Measuring social images of the university with photo projective method. Presented at 26th International Congress of Applied Psychology.
岡本卓也・佐々木薫（2002）.「集団間接触時における集団間関係と認知バイアス（1）―神戸三田キャンパスにおける学部・学科の増設を事例にして―」日本社会心理学会第43回大会, 658-659.
奥敬一・深町加津枝（1995）.「写真投影法による箕面国定公園利用者の風景認識に関する研究」『ランドスケープ研究：日本造園学会誌』，58（5），173-176.
奥田達也・伊藤哲司（1991）.「SYMLOGの日本語改良版―小集団構造把握のための簡便な評定項目の作成―」『実験社会心理学研究』，31（2），167-174.
大渕憲一（1997）.『紛争解決の社会心理学』ナカニシヤ出版．
大渕憲一（編著）（2004）.『日本人の公正観―公正は個人と社会を結ぶ絆か―』現代図書．
大隅昇（2002）.「テキスト型データの多次元データ解析―Web 調査自由回答データの解析事例」柳井晴夫（編）『多変量解析実例ハンドブック』朝倉書店．pp. 757-783.
Orcutt, J. D. (1973). Societal reaction and response to deviation in small groups. *Social Forces*, 52, 259-267.
Osgood, C. E. (1952). The Nature and Measurement of Meaning. *Psychological bulletin*, 49, 197-237.
Osgood, C. E., Suci, G. J., & Tannenbaum, P. H. (1957). *The measurement of meaning*. Urbana: University of Illinois Press.
Pettigrew, T. F. (1958). Personality and sociocultural factors in intergroup attitudes: A cross-national comparison. *The Journal of Conflict Resolution*, 2, 29-42.
Pretty, G. H., Chipuer, H. M., & Bramston, P. (2003). Sense of place amongst adolescents and adults in two rural Australian towns: The

discriminating features of place attachment, sense of community and place dependence in relation to place identity. *Journal of Environmental Psychology*, 23 (3), 273-287.

Proshansky, H. M. (1978). The city and self-identity. *Environmental Behavior*, 10, 147-169.

Proshansky, H. M., Fabian, A. K., & Kaminoff, R. (1983). Place-identity: Physical world socialization of the self. *Journal of Environmental Psychology*, 3, 57-83.

Relph, E. (1976). *Place and placelessness*. London: Pion. (高野岳彦・阿部隆・石山美也子 (訳) (1991). 『場所の現象学』筑摩書房)

Riess, M., Kalle, R. J., & Tedeschi, J. T. (1981). Bogus pipeline attitude assessment, impression management, and misattribution in induced compliance settings. *Journal of Social Psychology*, 115, 247-258.

Rosenberg, M. J., & Hovland, C. I. (1960). Cognitive, affective and behavioral components of attitude. In M. J. Rosenberg, C. I. Hovland, W. J. McGuire, R. P. Ableson, & J. W. Brehm (Eds.). *Attitude organization and change*. Yale Univ. Press. pp.1-14.

Rudman, L. A. (2004). Sources of implicit attitudes. *Current Directions in Psychological Science*, 13, 522-541.

Rudman, L. A., Ashmore, R. D., & Gary, M. L. (2001). Unlearning' automatic biases: The malleability of implicit prejudice and stereotypes. *Journal of Personality and Social Psychology*, 81 (5), 856-868.

境忠宏 (1997). 「集団間の葛藤」大渕憲一 (編著) (1997). 『紛争解決の社会心理学』ナカニシヤ出版. pp. 254-277.

佐々木薫 (1963). 「集団規範の研究：概念の展開と方法論的吟味」『教育・社会心理学研究』4, 21-41.

佐々木薫 (2000). 『集団規範の実証的研究』関西学院大学出版会.

Schwartz, D. (1989). Visual ethnography: Using photography in qualitative research. *Qualitative Sociology*, 12 (2), 119-154.

Secord, P. F., & Backman, C. W. (1974). *Social psychology. 2nd ed.* Tokyo: McGraw-Hill Kogakusha.

Shaw, M. E.(1976). *Group dynamics: The psychology of small group behavior*(2nd ed.). New York: McGraw-Hill. (原岡一馬 (訳) (1981). 『小集団行動の心理』誠信書房)

Sherif, M. (1966). *Group Conflict and Co-operation: Their social psychology*. London: Routledge.

Sherif, M., Harvey, O. J., White, B. J., William R. H., & Sherif, C. W. (1961).

Intergroup conflict and cooperation: The robbers cave experiment. Oklahoma institute of group relation Press.

清水裕士・小杉考司（2005）．「テキストマイニングを用いた心理学分析の応用例―異性関係への印象の分析―」藤井美和・李政元・小杉考司（編著）『心理・福祉・看護のためのテキストマイニング入門』中央法規出版．pp.116-132.

下村泰彦・増田昇・安部大就・山本聡・山口博樹（1994）．「新旧市街地に居住する高齢者を中心とした居住環境に対する意識評価に関する研究」『造園雑誌』，57(5)，379-384.

志村ゆず・鈴木正典（編）（2004）．『写真でみせる回想法』弘文堂．

潮村公弘（2003）．「潜在的自尊心測度と顕在的自尊心測度の関連性―相互協調的自己観と自己・他者の定義内容とによる関連性の相違―」日本社会心理学会第44回大会．

潮村公弘・村上史朗・小林知博（2003）．「潜在的社会的認知研究の進展―IAT（Implicit Association Test）への招待」『信州大学人文学部人文科学論集〈人間情報学科編〉』，37, 65-84.

曽英敏・延藤安弘・森永良丙（2001）．「サステイナブル・コミュニティの視点からみた高齢者のための団地再生計画の研究―写真投影法による高根台団地の考察―」『日本建築学会計画系論文集』，549, 95-102.

園田美保（2002）．「住区への愛着に関する文献研究」『九州大学心理学研究』，3, 187-196.

Stangor, C., Lynch, L., Duan, C., & Glass, B. (1992). Categorization of individuals on the basis of multiple social features. *Journal of Personality and Social Psychology*, 62, 207-218.

Stedman, S., Beckley, T., Wallace, S., & Ambard, M. (2004). A picture and 1000 words: Using resident-employed photography to understand attachment to high amenity places. *Journal of Leisure Research*, 36, 580-606.

Steiner, I. D. (1974). Whatever happened to the group in social psychology ? *Journal of Experimental Social Psychology*, 10, 96-108.

Stephan, W. G., & Rosenfield, D. (1982). Racial and ethnic stereotypes. In. A. G. Miller (Ed.), *In the eye of the beholder: Contemporary issues in stereotyping.* New York: Praeger. pp. 92-126.

Stouffer, S. A., Suckman, E. A., Devinney, L. C., Star, S. A., & Williams, R. M. (1949). *The American soldier: Adjustment during army life, Vol. 1,* Princeton University Press.

菅原郁夫（1997）．「手続き的公正」大渕憲一（編著）『紛争解決の社会心理学』ナ

カニシヤ出版. pp. 162-183.
杉万俊夫・矢守克也 (1993). 『マクロ変数の計量 理論と方法』14, 183-197.
Stroebe, W., & Insko, C. A. (1989). Stereotypes prejudice and discrimination: Changing conceptions in theory and research. In D. Bar-Tal, C. E. Grauman, A. W. Kurglanski, & W. Stroebe (Eds.), *Stereotypes and prejudice: Changing conceptions*. London: Springer. pp. 3-34.
Stroop, J. R. (1935). Studies of interference in serial verbal reactions. *Journal of Experimental Psychology*, 18, 643-662.
高橋鷹志 (1991). 「建築・都市環境における移行」山本多喜司・S. ワップナー (編著)『人生移行の発達心理学』北大路書房. pp. 322-331.
高尾堅司・石盛真徳・金政祐司・谷口淳一・岸本渉 (2005). 「模擬社会における手続的及び分配評価が満足度に及ぼす影響」『日本心理学会第65回大会論文集』, 800.
Tajfel, H. (1957). Value and the perceptual judgment of magnitude. *Psychological Review*, 64, 192-204.
Tajfel, H. (1969). Cognitive aspects of prejudice. *Journal of Social Issues*, 25, 79-97.
Tajfel, H. (1972). Social categorization, English manuscript of La catégorization sociale. In S. Moscovici (Ed.), *Introduction á la psychologie sociale. Vol1*. Paris: Larousse.
Tajfel, H. (1978). Social categorization, social identity and social comparison, In H. Tajfel (Ed.), *Differentiation between social groups*. London: Academic Press. pp. 61-76.
Tajfel, H., Billig M. G., Bundy, R.P., & Flament, C. (1971). Social categorization and intergroup behaviour. *European Journal of Social Psychology*, 1, 149-177.
Tajfel, H., & Turner, J. C. (1979). An integrative theory of intergroup conflict. In W. G. Austin, & S. Worchel (Eds.), *The social psychology of intergroup relations*. Monterey, CA: Brooks/Cole Pub. pp. 33-47.
Tajfel, H., & Wilkes, A. L. (1963). Classification and quantitative judgment. *British Journal of Psychology*, 54 (2), 101-114.
田中堅一郎 (1998). 『社会的公正の心理学—心理学の視点から見た「フェア」と「アンフェア」』ナカニシヤ出版.
田中国男・藤本忠明・植村勝彦 (1978). 「地域社会への態度の類型化について—その尺度構成と背景要因」『心理学研究』, 49, 36-43.
Taylor, D. M. (1981). Stereotypes and intergroup relations. In R. C. Gardner & R. Kalin (eds.), *A Canadian social psychology of ethnic relations*.

Toronto, Canada: Methuen. 151-171.
Taylor, D. M., & Moghaddam, F. M. (1994). *Theories of intergroup relations: international social psychological perspectives.* 2nd ed. New York: Praeger.
Taylor, S. E., Fiske, S. T., Etcoff, N. L., & Ruderman, A. (1978). Categorical and contextual bases of person memory and stereotyping. *Journal of Personality and Social Psychology,* 36, 778-793.
寺本潔・大西宏治 (1995).「子どもは身近な世界をどう感じているか―手描き地図と写真投影法による知覚環境把握の試み―」『愛知教育大学研究報告 (人文科学編)』, 44, 101-117.
寺本潔・山口美穂子 (2004).「沖縄県石垣島白保における子どもの知覚環境の構造：写真投影法を中心にして」『地理学報告』, 98, 27-50.
Tropp, R. L., & Wright, C. S. (2001). Ingroup identification as the inclusion of ingroup in the self. *Personality and Social Psychology Bulletin,* 27 (5), 585-600.
都筑学 (2005).「写真投影法による青少年の内面把握の試み」『教育学論集』, 47, 223-249.
辻村明・飽戸弘・古畑和孝 (編) (1987).『世界は日本をどう見ているか―対日イメージの研究』日本評論社.
Turner, J. C. (1981). The experimental social psychology of intergroup behavior. In J. C. Turner and H. Giles. (Eds.) *Intergroup behavior.* Chicago: University of Chicago Press, pp. 66-101.
Turner, J. C. (1990). Forward. In M.A. Hogg, & D. Abrams, (1988). *Social identifications: A social psychology of intergroup relations and group processes.* London: Routledge.
Turner, J. C., Hogg, M. A., Oakes, P. J., Reicher, S. D., & Wetherell, M. S. (1987). *Rediscovering the social group: A self-categorization theory.* Oxford: Blackwell. (蘭千壽・磯崎三喜年・内藤哲雄・遠藤由美 (訳) (1995).『社会集団の再発見―自己カテゴリー化理論』誠信書房)
Twigger-Ross, C. L., & Uzzell, D. L. (1996). Place and identity processes. *Journal of Environmental Psychology,* 16, 205-220.
内田順文 (1987).「地名・場所・場所イメージ―場所イメージの記号化に関する試論―」『人文地理』, 39, 391-405.
植村勝彦 (1993).「「写真投影法」を用いた中学生の日常生活分析の試み：孤独感尺度による比較」『東海心理学会第42回大会発表論文集』, 38.
植村勝彦 (1996).「高齢期の夫婦のパートナーシップに関する社会心理学的研究―「写真投影法」による分析―」『平成6年度日本火災ジェントロジー研究

報告』, 179-186.
植村勝彦 (1997). 『写真投影法で高齢者の心的世界を探る』ばんぶう, 132-135.
若林芳樹 (1992). 「消費者購買地選択モデルの近年の展開—分解的多属性選好モデルを中心として—」『理論地理学ノート』, 8, 25-54.
若林芳樹 (1999). 『認知地図の空間分析』地人書房.
Wapner, S., & Demick, J. (1992). 「有機体発達論的システム論的アプローチ」山本多喜司・S. ワップナー (編)『人生移行の発達心理学』北大路書房 pp. 282-303.
Wasserman, S., & Faust, K. (1994). *Social network analysis: Methods and applications*. Cambridge University Press.
渡辺聡 (1994). 「日本語版集団自尊心尺度構成の試み」『社会心理学研究』, 10 (2), 104-113.
Weitz, S. (1972). Attitude, voice, and behavior: A repressed affect model of interracial interaction. *Journal of Personality and Social Psychology*, 24, 14-21.
Wilder, D. A. (1984). Intergroup contact: The typical member and the exception to the rule. *Journal of Experimental Social Psychology*, 20, 177-194.
Worchel, S. (1979). Intergroup cooperation. In W. Austin, & S. Worchel (Eds.). *The Social psychology of intergroup relations*. Monterey, Calif.: Brooks/Cole. pp. 262-273.
Worchel, S., & Austin, W. G. (1986). *Psychology of intergroup relations*. Chicago: Nelson-Hall Publishers.
Worchel, S., & Norvell, N. (1980). Effect of perceived environmental conditions during cooperation on intergroup attraction. *Journal of Personality and Social Psychology*, 38, 764-772.
山中康裕 (1978). 『少年期の心』中央公論社.
矢守克也 (1994). 「社会的表象としてのメンタルマップに関する研究」『実験社会心理学研究』, 34 (1), 69-81.
矢守克也 (2000). 「社会的表象理論と社会構成主義—W. Wagner の見解をめぐって—」『実験社会心理学研究』, 40 (2), 95-114.
矢守克也 (2001). 「社会的表象としての「活断層」—内容分析法による検討—」『実験社会心理学研究』, 41 (1), 1-15.
Ziller, R. C. (1990). *Photographing the self: Methods for observing personal orientations*. Newbury Park, CA: Sage.
Ziller, R. C. (2000). Self-counselling through re-authored photo-self-narratives. *Counseling Psychology Quarterly*, 13 (3), 265-278.
Ziller, R. C., & Lewis, D. (1981). Orientations: Self, social, and environmental

percepts through auto-photography. *Personality and Social Psychology Bulletin*, 7 (2), 338–343.

著者略歴

岡 本 卓 也（おかもと・たくや）

1978年　広島県に生まれる
2001年　関西学院大学社会学部卒業
2006年　関西学院大学大学院社会学研究科 単位取得後満期退学
現　在　関西学院大学社会学部 助教、博士（社会学）

著　書　『心理・福祉・看護のためのテキストマイニング入門』（共著）中央法規出版　2005年
　　　　『人間関係のゲーミング・シミュレーション―共生への道を模索する―』（共著）北大路書房　2007年
　　　　『社会心理学』（共著）晃洋書房　2009年

訳　書　テイラー・モグハッダム著『集団間関係の社会心理学：北米と欧州における理論の系譜と展望』（分担訳）晃洋書房　2010年

関西学院大学論文叢書第17編
集団間関係の測定に関する社会心理学的研究

2010年2月25日初版第一刷発行

著　者　岡本卓也

発行者　宮原浩二郎
発行所　関西学院大学出版会
所在地　〒662-0891
　　　　兵庫県西宮市上ケ原一番町1-155
電　話　0798-53-7002

印　刷　協和印刷株式会社

カバージャケット写真撮影　清水　茂

©2010 TAKUYA OKAMOTO
Printed in Japan by Kwansei Gakuin University Press
ISBN 978-4-86283-052-4
乱丁・落丁本はお取り替えいたします。
本書の全部または一部を無断で複写・複製することを禁じます。
http://www.kwansei.ac.jp/press